债券及债券基金投资从入门到精通

曾增 / 编著

中国铁道出版社有限公司
CHINA RAILWAY PUBLISHING HOUSE CO., LTD.

内容简介

本书主要采用了理论知识与实际案例相结合的方式，循序渐进地向投资人介绍了债券以及债券基金投资的相关知识，打破了投资人对债券以及债券基金传统的认识。投资人在对本书进行阅读之后，相信能够在较低风险的情况下，采取比较稳妥的方式进行投资。

本书共10章，主要内容包括债券投资基础知识、各类债券品种的投资、债券的投资技巧分析、债券基金的认识和投资以及不同债券基金的投资方法。

本书整体结构完整，逻辑性强，同时书中配有较多的真实案例，适合广大的债券及债券基金投资者，以及对债券及债券基金感兴趣的初学者使用，同时也可供债券相关投资从业者、研究者阅读，以及作为高校相关课程的教材使用。

图书在版编目（CIP）数据

债券及债券基金投资从入门到精通/曾增编著. —北京：中国铁道出版社，2017. 10（2022. 1重印）
（理财学院）
ISBN 978-7-113-23142-2

Ⅰ. ①债… Ⅱ. ①曾… Ⅲ. ①债券投资-基本知识②基金-投资-基本知识 Ⅳ. ①F830. 91

中国版本图书馆CIP数据核字（2017）第113545号

书　　名：理财学院：债券及债券基金投资从入门到精通
作　　者：曾　增

责任编辑：张亚慧　　**编辑部电话：**（010）51873035　　**邮箱：**lampard@vip. 163. com
封面设计：MXK DESIGN STUDIO
责任印制：赵星辰

出版发行：中国铁道出版社有限公司（100054，北京市西城区右安门西街 8 号）
印　　刷：佳兴达印刷（天津）有限公司
版　　次：2017 年 10 月第 1 版　2022 年 1 月第 2 次印刷
开　　本：700 mm×1000 mm 1/16　**印张：**15　**字数：**215 千
书　　号：ISBN 978-7-113-23142-2
定　　价：45. 00 元

前言

PREFACE

说起投资，大多数人会马上想到股票、期货以及黄金等投资产品。这类产品往往收益较高，但也伴随着较高的投资风险。对于很多希望通过稳定的投资方式获得收益的投资人来说，这些投资产品可能并不适合。所以，债券以及债券型基金的出现，成为这类投资人的福音。

债券及债券基金虽然以稳定收益和风险较低著称，但不可避免的是这类投资仍然存在一定的投资风险。如何在低风险的情况下做到真正稳定的债券及债券基金投资，成为许多投资人关注的重点，本书就专门针对这一问题进行详细的介绍。

在对债券及债券基金进行投资之前，投资人首先需要分别对债券及债券基金这两类产品进行全面的了解 ，然后根据不同产品的特性进行不同方案的投资。

本书在讲解上由浅入深，逐层递进，除了对债券及债券基金的理论知识进行讲解外，还注重投资人的实战应用性。通过大量的投资实例来进行分析，让投资人加深对债券及债券基金稳定投资的印象，提高自己的投资技巧。

本书包括 10 章内容，具体各章内容介绍如下。

◎ 第一部分：第 1~2 章

这部分内容主要介绍了债券投资的基础知识，包括债券的投资品种介绍、债券交易方式、债券的风险、债券的信用评级、债券价格和收益率以及从久期和凸度来判断债券风险。

◎ 第二部分：第 3~5 章

这部分首先通过对不同类型的债券投资进行介绍，然后再综合介绍债券投资的技巧方案。其中包括认识与投资国债 、金融债券以及投资、企业债券和可转换债券的投资策略、债券投资情况分析、债券产品的组合投资策略选择。

◎ 第三部分：第 6 章

这部分主要介绍了基金以及债券基金的基础知识，为投资人接下来的各类债券基金投资打下基础，其中包括走进基金市场、稳健的债券基金以及债券基金的投资。

◎ 第四部分：第 7~10 章

最后一部分分别介绍了多种债券基金的投资及收益特点，其中包括纯债基金、分级债券基金、可转债基金和封闭式债券基金。不同的债券基金，投资策略不同。

本书内容通俗易懂，结构上完整清晰，采用理论与实际投资案例相结合的方式向投资人介绍相关知识，帮助投资人更好地将理论知识运用到实际的投资中。书中使用了大量的真实的投资案例，使投资人能够从中获得裨益的同时，也不会在阅读时感到枯燥。任何投资均有风险，请读者入市要谨慎。

最后，希望所有读者能够从本书中获益，在实际的投资中获得利润。由于编者工作环境和汇集资料受限，对于本书内容不完善的地方希望获得读者的批评指正。

编 者

2017 年 7 月

目 录

C O N T E N T S

01 .PART. 债券投资基础入门

股市投资动荡不平，常常是几家欢喜几家愁，追求安稳收益的投资人将目光投向了债券市场。投资债券不仅可以避开谷峰的高风险，还能在保障本金的同时得到比较稳定的收益。

02 .PART. 债券购买要点关注

投资人在投资前对产品的投资成本、收益率进行计算，这样的投资是否能够给自己带来收益，也是投资人进行债券投资之前关注的要点。

03 .PART. 保守型债券投资——国债与金融债

在众多的债券品种中，低风险的国债与金融债券，凭借其收益的稳定性受到保守型投资人的追捧。

04 . PART. 积极型债券投资——企业债与可转换债

对于一些投资人来说，保本稳利的国债与金融债券无法满足他们对收益的追求，所以他们将投资的目光投向了风险稍高的企业债券和可转换债券。

05 .PART. 债券技巧性投资方案

很多投资人认为债券收益稳定，风险较低，所以认为持有到期就可以了。其实这样是不对的，投资债券也有一定的技巧性策略，通过这些策略能够使投资人得到更高的收益。

06 .PART. 债券基金的低风险投资

在债券市场中债券基金是由债券衍生而来的投资产品，它具有债券低风险、收益稳定的特点，受到广大投资人的喜爱。

07 .PART. 防御为主的纯债基金

纯债基金在开放式债券基金的品种中是比较常见的，同时也是风险性最低的一种债券基金。纯债基金常常以防御为主，投资人能够获得比较固定的收益。

08
. PART.

固定收益的分级债券基金

分级债券基金对权益做了分割，按照一定的策略分配给子基金，形成了A、B两类。投资人可以根据自身的风险承受力选择适合自己的品种进行投资。

09
. PART.

享受股票收益的可转债基金投资

可转债基金是债券基金中比较特殊的一个投资品种。可转债基金由于其可转换的特点，使它能够享受股票市场的收益，当然投资风险也随之增长。

10 .PART. 享受高收益的封闭式债券基金

封闭式债券基金对于现在大多数的投资人而言接触较少。究其原因，主要在于流动性较差，但是封闭式债券基金往往能够给投资人带来比较稳定的收益，适合中长期的投资。

认识债券及债券品种

债券交易方式

债券的风险在哪里

投资人信用评级的运用

债券投资基础入门

股市投资动荡不平，常常是几家欢喜几家愁，厌倦了波动，追求安稳收益的投资人将目光投向了债券市场。债券市场中的投资人不仅可以避开谷峰的高风险，还能在保障本金的同时得到稳定的收益。

1.1 全面认识债券及债券品种

在如今这个全民投资理财的大环境下，各种各样的理财产品进入投资人的眼中。其中，债券又以其独特的资金安全性、收益稳定性而受到投资人的青睐。

1. 走进债券的基础认识

债券本质上来说是一种债务证明，它是由政府、企业和金融机构等向社会借债的一种融资手段，并且承诺在一定的时期还本付息的债券与债务凭证。从投资理财的角度来说，投资债券就是通过借款获得利息收益。

债券有点类似于人民币，在债券的票面上，必须载明所应有的基本要素，如图 1-1 所示。

图 1-1 债券样图

由图 1-1 可以看到，债券的票面上载明了面额、发行单位以及月利率等要素。总的来说，债券主要有以下五大基本要素。

- **票面价值：** 票面价值小于发行价格称为溢价发行，大于发行价格称为折价发行，作为到期偿还金额的本金计算。图 1-1 中的发行价格是 1 000 元。

◆ **票面利率：**指的是债券利息和债券面值的比例，是到期还本付息的计算标准。图 1-1 中债券月利率为 0.55%。

◆ **利息的计算期间：**一般利息的支付会有 3 个月、6 个月、12 个月以及一次性支付等方式。投资人可以选择分期提取和一次性支付两种方式，两者的单利和复利计算是不同的。

◆ **偿还期：**从发行之日开始计算，到规定的到期日之间的间隔，不同类型债券的偿还期根据发行主体不同而不同。

◆ **发行人名称：**依据发行主体不同而不同，一般会在票面上标明 ×× 公司债券、×× 银行债券以及 ×× 企业债券等。

【提示注意】

值得一提的是，并不是所有的要素都会在票面上面显示，很多时候债券的期限和利率计算是以公告或者条例的形式展示。

债券和股票、基金以及黄金等投资产品都一样，除了能够为投资人带来收益之外，也具有一些自身独特的特性，如表 1-1 所示。

表 1-1 债券的特性

特性	内容
安全性	与股票、开放式基金相比，债券的利率固定，与企业盈余、发展情况等没有关系。债券规定了其偿还期限，发行人必须按照约定条件偿还给投资人，安全性较好
流通性	债券可以在流通市场上自由转让，而且与基金、股票等能够转化
收益性	债券利率固定，收益比较稳定，而且风险较小
偿还性	一般在票面上都会约定到期的本利息金额

2．不同种类的债券

债券最简单的分类方式是公募和私募，公募指的是按照法定程序，经证券主管机构批准在市场上公开发行的债券，而私募是指只向少数与发行者有特定关系的投资人发行。除此之外，债券还有其他的一些分类。

■ 按照发行主体分类

通过债券发行的主体可以将债券分为国债、地方政府债券、金融债券和企业债券。其中，国债是由中央政府发行的债券，它由一个国家政府的信用做担保，所以这类债券的信用最好，有“金边债券”的称号；金融债券是由银行或者非银行金融机构发行，具有信用高、流动性好和安全等特点，同时金融债券的利率要高于国债；企业债券是由企业发行的债券，又称为公司债券，在债券中企业债券的风险较高，同时利率也高。

■ 债券的载体分类

债券还可以通过债券的载体分为记账式债券、凭证式债券、无记名式债券、回购式债券以及柜台式债券。

记账式债券是没有实物的债券，又被称为账户债券或者无纸化债券。投资人在债券账户上进行债券的投资，它与债券的实际意义是一样的；凭证式债券是债权人认购债券的凭证，而不是债券发行人制定的标准格式的债券，凭证式债券在票面上不印制票面金额，而是根据认购者的认购金额填写实际的缴款金额；无记名式债券是一种票面上不记载投资人姓名的债券，通常以实物券的形式出现；回购式债券是指债券买卖双方在成交的同时，约定在未来某一时间以某一价格双方进行反向成交的交易，是一种以有价证券为抵押品拆借资金的信用行为；柜台式债券是一种债券售卖的方式，一般是银行柜台或者专门出售债券的地方进行发售，可体现在银行的账户当中。

■ 按付息方式分类

按照发行人发行债券付息方式进行分类，可以将债券分为贴现债券、零息债券以及附息债券。贴现债券指债券票面上不规定利率，发行按规定的折扣率，以低于债券面值的价格发行，到期按照面值支付本息的债券，贴现债券的发行价格与其面值的差额即为债券的利息；零息债券指债券到期时和本金一起一次性付息，利随本清；附息债券的券面上附有息票，是按照债券票面载明的利率以及支付方式的债券。

除了以上的一些分类方式之外，还有另外一些分类方式，如按照偿还期限来分类，可以分为短期债券、中期债券和长期债券；按照担保性质来分，可以分为抵押债券、担保信托债券、保证债券以及信用债券；按利率方式分类，可以分为固定利率债券、浮动利率债券。

3. 债券的衍生品及衍生品分析

债券市场中的产品多种多样，除了前面介绍的债券之外，市场上还存在一些其他的债券衍生投资品种。

■ 可转换债券

可转换债券是一种由公司发行的，并且能够在二级市场上交易的有价证券。在将来的某一个时间期限内，该债券的持有人能够根据事先约定的条件将该债券转换为该公司的股票。

世界上第一只可转换债券出现在1843年的美国，此后可转换债券经历了100多年缓慢而曲折的发展过程。20世纪70年代以后，可转换债券开始快速发展起来。到目前为止，全球可转换债券的市场总规模已经超过5000亿美元。

我国第一只可转换债券出现在1992年。由于各种原因，此后几年我国可转换债券市场的发展也比较曲折。2001 年在市场制度逐步完善以后，我国的可转债市场也得到了很好的发展。2005 年高峰期时，我国可转换债券市场规模达到 300 多亿元。

■ 可交换债券

可交换债券是指上市公司股价的持有者通过抵押其持有的股票给托管机构进而发行的公司债券。在将来的某一个时期之内，该债券的持有人能够将该债券按照约定的条件转化为该公司持有的另一种有价证券。通常情况下，就是该公司持有的另一家上市公司的股票。

可交换债券是可转换债券的一种衍生，它们之间主要的区别在于债券持有人最终能够转换的标的股票不同。可转换债券最终能转换为发行可转换债券公司的股票，而可交换债券只能够转换为可交换债券发行公司持有的其他公司的股票。

■ 附认股权证债券

附认股权证债券是将债券和认股权证捆绑销售的一种债券品种，可以简单看作债券权证的一个投资组合。按照附认股权证形式的不同，可以将它们分为分离型与非分离型、现金汇入型与抵缴型几类。

从形式上来看，附认股权证债券和可转换债券的区别不大，而实际上附认股权证债券也确实由可转换债券发展过来。虽然从投资的角度来看，附认股权证债券与可转换债券之间本质上并没有不同，甚至可以把非分离抵缴型的附认股权证债券与可转换债券等同起来，但是对于可以分离的附认股权证债券，由于产品的结构不同，它与可转换债券的风险和收益有比较大的差别。

衍生品是一把双刃剑，若以投机为目的参与其中可能会酿成巨额损失，但是若以套期保值为目的，有效控制投入比例，则能够减少投资组合价值波动和收益的不确定性。

1.2 债券如何进行交易

在了解了债券的相关知识之后，投资人关心的就是债券的购买问题了。债券的交易方式较多，找到一种适合自己的投资方式，能够帮助投资人更好地进行债券投资。

1. 债券的三大交易方式

上市债券的交易方式大致有债券现货交易、债券回购交易以及债券期货交易。目前在深圳证券交易所、上海证券交易所交易的债券有现货交易和回购交易。

- **现货交易**：又叫现金现货交易，是债券买卖双方对债券的买卖价格均表示满意，在成交后立即办理交割，或在很短的时间内办理交割的一种交易方式。
- **回购交易**：是指债券持有一方（出券方）和购券方在达成一笔交易的同时，规定出券方必须在未来某一约定时间以双方约定的价格再从购券方那里购回原先售出的那笔债券，并以商定的利率（价格）支付利息。
- **期货交易**：是指一项交易双方成交以后，交割和清算按照期货合约中规定的价格在未来某一特定时间进行的交易。目前深圳交易所和上海证券交易所均不开通债券期货交易。

对于投资人投资主体国债来说，采用的是现货交易和回购交易，买卖双方约定在当日或次日转让债券，交易市场为银行，交易主体是各大商业银行，收益稳定而且风险较小。对于现货交易的具体流程，如图 1-2 所示。

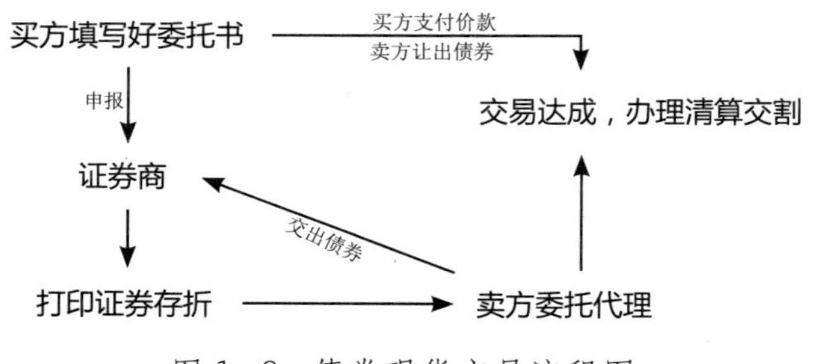

图 1-2　债券现货交易流程图

在现货交易中可以委托证券商交易，通过证券账户，申报后才可以买进卖出，证券商会打印证券存折，交易中需要以存折为依据。而作为债券的卖方，则首先需要到证券公司办理结算，证券商在收到记账通知书后才会给卖方打印存折，才可以进行交易。

债券的回购交易分为回购和逆回购交易。其中回购是对于卖方，当交易达成之后，会达成一份协议，以约定的期限、利率和价格收回债券，即所谓回购；而对于交易的买方来说，当交易达成之后，在约定的期限、利率和价格下，将债券再卖回给卖方。债券的回购一般包括以下几个步骤。

- **回购委托**：投资人委托证券公司做回购交易。
- **回购交易申报**：根据客户委托，证券公司向证券交易所主机进行交易申报，下达回购交易指令。回购交易指令必须申报证券账户，否则回购申报无效。
- **交易系统前端检查**：交易系统将融资回购交易申报中的融资金额和该证券账户的实时最大可融资额度进行比较，如果融资要求超过该证券账户实时最大可融资额度则属于无效委托。
- **交易撮合**：交易所主机将有效的融资交易申报和融券交易申报撮

合配对，回购交易达成，交易所主机相应成交金额实时扣减相应证券账户的最大融资额度。

◆ **成交数据发送：**闭市后，交易所将回购交易成交数据和其他证券交易成交数据一并发送结算公司。

◆ **标准券核算：**结算公司每日日终以证券账户为单位进行标准券核算，如果某证券账户提交质押券折算成的标准券数量小于融资未到期余额，则为“标准券欠库”，登记公司对相应参与人进行欠库扣款。

◆ **清算交收：**结算公司以结算备付金账户为单位，将回购成交应收应付资金数据与当日其他证券交易数据合并清算，轧差计算出证券公司经纪和自营结算备付金账户净应收或净应付资金余额，并在 T+1 流程办理资金交收。

债券期货交易也是比较常见的一种交易，是一种针对风险进行的投资。投资人觉得某个债券产品在将来的一段时间内会上涨，打算买进，但是又顾虑其中潜在的风险，同时也不想错过上涨可能会带来的收益。那么，这时候投资人可以考虑在期货市场中进行交易，其交易流程如图 1-3 所示。

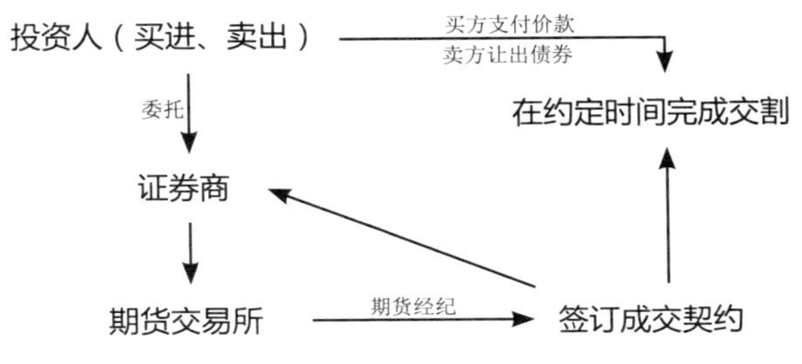

图 1-3　债券期货交易流程

债券期货相比其他的交易方式，有着交易者众多、市场活跃、流动性强的特点。

2．场内购买债券

债券的交易一般分为场内交易和场外交易，场内交易也被称为交易所交易，证券交易所是市场的核心，在证券交易所内部，其交易程序都要经证券交易所立法规定，其具体步骤明确。债券的交易程序有 5 个步骤，分别是开户、开立账户、委托、成交、清算和交割。

■ 开户

债券投资人要进入证券交易所参加证券校验，首先需要选择一家可以开户的证券经纪公司，并在该公司办理开户手续。订立开户合同，开户合同应包括如下事项。

◆ 委托人的真实姓名、住址、年龄、职业、身份证号码等。

◆ 委托人与证券公司之间的权利和义务，并同时认可证券交易所营业细则和相关规定以及经纪商公会的规章作为开户合同的有效组成部分。

◆ 确立开户合同的有效期限，以及延长合同期限的条件和程序。

■ 开立账户

在投资者与证券公司订立开户合同后，就可以开立账户，为自己从事债券交易做准备。在我国上海证券交易所允许开立的账户有现金账户和证券账户。现金账户只能用来买进债券并通过该账户支付买进债券的价款，证券账户只能用来交割债券。

投资者既要进行债券的买进业务又要进行债券的卖出业务，需要同时开立现金账户和证券账户。上海证券交易所规定，投资者开立的现金账户，其中的资金首先要交存证券商，然后由证券商转存银行，其利息收入将自动转入该账户；投资者开立的证券账户，则由证券商免费代为保管。

■ 委托

投资人在证券公司开立账户之后，要真正地上市交易，还需要和证券公司办理证券交易委托关系，这是一般投资人进入证交所的必要程序。投资人与证券公司委托过程，如图 1-4 所示。

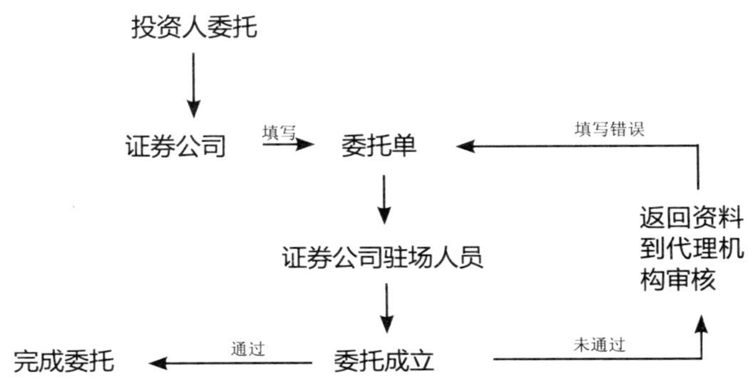

图 1-4　投资人与证券公司的委托过程

投资人与证券公司之间委托关系的确立，其核心程序就是投资人向证券公司发出“委托”。投资人发出委托必须与证券公司的办事机构联系，证券公司接到委托后，就会按照投资人的委托指令，填写委托单，将投资交易债券的种类、数量、价格、开户类型和交割方式等一一载明。而且委托单必须及时送达证券公司在交易所中的驻场人员，由驻场人员负责执行委托。投资人办理委托可以采取当面委托或电话委托两种方式。

■ 成交

证券公司在接受投资客户委托并填写委托说明书之后，就要由驻场人员在交易所内迅速执行委托，促使该种债券成交。

在证券交易所内，债券成交就是要使买卖双方在价格和数量上达成一致。这一程序必须遵循特殊的原则，又叫竞争原则。这种竞争规则的主要内容是“三先”，即价格优先、时间优先和客户委托优先。

价格优先就是证券公司按照交易有利于投资委托人的利益的价格买进或卖出债券；时间优先就是要求在相同的价格申报时，应该与首先提出该价格的一方成交；客户委托优先主要是要求证券公司在自营买卖和代理买卖之间，首先进行代理买卖。

■ 清算和交割

证券成交以后就必须进行券款的支付，这就是债券的清算和交割，下面将简单地介绍债券的清算和交割。

◆ 债券的清算

债券的清算是指对同一证券公司在同一交割日对同一种债券的买卖相互抵销，确定出应当交割的债券数量和应当交割的价款数额，然后按照“净额交收”原则办理债券和价款的交割。一般在交易所当日闭市时，其清算机构便依据当日“场内成交单”所记载的各证券商的买进和卖出某种债券的数量和价格，计算出各证券商应收应付价款相抵后的净额以及各种债券相抵后的净额，编制成当日的“清算交割表”，各证券商核对后再编制该证券商当日的“交割清单”，并在规定的交割日办理交割手续。

◆ 债券的交割

债券的交割就是将债券由卖方交给买方，将价款由买方交给卖方。在证券交易所交易的债券，按照交割日期的不同，可分为当日交割、普通日交割和约定日交割 3 种。如上海证券交易所规定，当日交割是在买卖成交当天办理券款交割手续；普通交割日是买卖成交后的第 4 个营业日办理券款交割手续；约定交割日是买卖成交后的 15 日内，买卖双方约定某一日进行券款交割。

3．场外该怎么购买债券

场外债券交易，简单的说就是证券交易所以外的证券公司柜台进行的债券交易，其中场外交易又分为自营买卖和代理买卖两种方式。

场外自营买卖债券就是由投资人个人作为债券买卖的一方，由债券公司作为债券买卖的另一方，其交易价格由证券公司自己挂牌。自营买卖的过程相对来说要简单很多。

首先买入、卖出者根据证券公司的挂牌价格，填写申请单，同时申请单上面需载明债券的种类，并提出买入或卖出的数量；然后证券公司依据买入、卖出者申请的券种和数量，根据挂牌价格开出成交单；最后证券公司按照成交单，向客户交付债券或现金，完成交易。

【提示注意】

投资人在自营买卖中，对证券公司开出的成交单需要仔细核实内容。包括交易日期、成交债券名称、单价、数量、总金额、票面金额、客户的姓名、地址、证券公司的名称、地址、经办人姓名和业务公章等，必要时还要登记买方的身份证号码。

而场外代理买卖就是投资人个人委托证券公司代其买卖债券，证券公司仅作为中介而不参与买卖业务，其交易价格由委托买卖双方分别挂牌，达成一致后形成。场外代理买卖的步骤有以下几点。

- 委托人填写委托书，内容包括委托人的姓名和地址、委托买卖债券的种类数量和价格、委托日期和期限等，此外，委托卖方还要校验身份证。
- 委托人将填好的委托书交给委托的证券公司。其中，买方要交纳购买债券的保证金，卖方则要交出拟卖出的债券，证券公司为其开临时收据。

◆ 证券公司根据委托人的买入或卖出委托书上的基本要素，分别为买卖双方挂牌。

◆ 如果买方、卖方均为一人，则通过双方讨价还价，促使债券成交；如果买方、卖方为多人，则根据“价格优先，时间优先”的原则，顺序办理交易。

◆ 债券成交后，证券公司填写具体的成交单。包括成交日期、买卖双方的姓名、地址及交易机构名称、经办人姓名及业务公章等。

◆ 买卖双方接到成交单后，分别交出价款和债券。证券公司收回临时收据，扣收代理手续费，办理清算交割手续，完成交易过程。

虽然债券在场内外都可以进行交易，但是场内交易一般比场外交易更实惠一些。一般来说，场内申购费为 0.3% 左右，而场外的申购费最低也在 0.6% 左右。

这是因为场内交易是在交易所内进行，具有公开、公平和公正的原则，一般是通过竞价来交易，价格形成比较透明、权威；而场外交易是在柜台交易，是投资人与证券公司或者其他金融机构之间的交易，一般不是竞价交易，投资人价格接受比较被动，买卖价格都由券商或金融机构报出，投资人能够选择的只有接受或者不接受。

场内交易和场外交易在几个方面存在着不同，具体如图 1–5 所示。

场内外交易的不同点

费率不同：场内交易较低。

交易价格不同：场内按照供求关系撮合成交易价交易，场外以净值交易。

买卖方式不同：场内按照股票方式交易，场外按净值从基金公司认购（申购）或赎回。

风险程度不同：场内风险大于场外风险。

图 1–5 场内外交易的区别

1.3 低风险的债券存在什么样的风险

大部分债券投资人都是因为债券稳定的收益，以及较低的风险而进行投资的，但是低风险并不等于没有风险。债券也会存在一定的风险，在这些风险中，有的是可分散风险，有的是不可分散风险。

1. 利率风险不可避免

债券的利率风险是由于利率变动，导致债券价格和收益率发生变动，从而使投资人遭受损失的风险。债券是一种法定的契约，大多数债券的票面利率是固定的（浮动利率与保值债券除外）。不过，当市场利率上升时，债券价格下跌，债券持有人的资本遭受损失。相反，当市场利率下降时，债券价格上升。所以，投资人购买的债券期限越长，则利率存在变动的可能性就越大，利率风险也越大。

由于当市场利率上升时，固定票面利率的债券原票利率较低，因此，现金流量对投资人的吸引力就下降，从而导致债券价格下降。

对投资人来说，以一定投资金额购买债券，当市场利率变动时，投资的债券价格也会随着变化，造成不确定因素。这样的利率风险属于市场性风险，即市场利率变化造成债券市场价格不确定的风险。

当票面利率 > 市场利率时，债券价格 > 面额，这时债券就是溢价债券。

当票面利率 < 市场利率时，债券价格 < 面额，这时债券就是折价债券。

当票面利率＝市场利率时，债券价格＝面额，这时债券就是平价债券。

债券价格受市场利率变动影响程度，主要受到下列因素的影响。

◆ **到期期限**：到期日越长，利率风险越高。

◆ **票面利率**：票面利率越低（表示存续期间长，回收期较长），利率风险越高，零息债券利率风险也越高。

◆ **是否存在隐含选择权**：如可赎回债券，价格不会超过赎回价格，所以价格就比较确定。

◆ **到期收益率**：到期收益率越低，利率风险越大。债券价格与到期收益率的关系为一凸度，因此到期收益率下跌时价格上升的幅度与到期收益率上升时价格下跌的幅度并不相同。

这里尤其注意的是浮动利率公司债券的风险，因为浮动利率公司债券的票面利率会定期重设，所以债券的价格会随接近面额的风险变小。

利率风险的衡量单位有两种。价格变动百分比：当利率变动 1% 时，债券价格变动的百分比；价格金额变动：当利率变动 1% 时，债券价格金额绝对数值的变动。

对利率风险来说，可采取的防范措施是分散债券的期限，长短期配合。如果利率上升，短期投资可以迅速找到高收益投资机会；如果利率下降，则长期债券就能保持高收益。投资人应该坚持“不要把所有的鸡蛋放在同一个篮子里”的投资原则。

2．债券的信用风险

信用风险又被称为违约风险，指债券发行人在到期时无法还本付息而使投资人遭受经济损失。主要受债券发行人经营能力、盈利能力、事业稳定程度以及企业规模大小等因素的影响。一般情况下，政府债券的信用风险最小，理论上中央政府债券是信用风险最低的债券，例如我国的国债。

如果投资上市公司债券或者企业债券，首先要考虑的也是信用风险。产品市场需求的改变、成本变动以及融资条件变化等因素，都可能削弱公司或者企业的偿债能力。如果债券发行的公司或者企业资不抵债面临破产，债券的利息和本金都可能成为泡影。因此，信用评级机构要对债券进行评价，以反映其违约风险。如果市场上一种债券的违约风险相对较高，那么就会要求债券的收益随之增加，从而弥补可能承受的损失。

违约风险一般是由于发行债券的公司主体经营状况不佳或信誉不高带来的风险。因此，避免违约风险的直接简单的办法就是不买质量差的债券。

在选择债券时，一定要仔细了解公司的情况，包括公司的经营状况和公司的以往债券支付情况，尽量避免投资经营状况不佳，或信誉不好的公司债券。投资人需要对企业的偿债能力进行评估，评估的指标主要有以下几点。

- 现金流相关指标，如税前利润、折旧摊销及企业自由现金流量等。
- 债务总额和资产负债率。
- 借贷成本，主要是利息费用。
- 可用于偿还债务的其他流动性来源。

在持有债券期间，应尽可能地对公司经营状况进行了解，以便及时作出卖出债券的抉择。同时，由于国债的投资风险较低，保守的投资者应尽量选择投资风险低的国债。

3．债券的其他风险

除了前面了解到的利率风险、信用风险之外，债券还有其他的一些风险需要引起投资人的注意。

■ 流动性风险

流动性风险是指债券持有人打算出手债券获取现金时，其所持有的债券不能够按照合理的市场价格，在短期内出售而形成的风险，又被称为变现能力风险。

如果一种债券能够在较短时间内按市价大量出售，则说明这种债券的流动性较强，投资于这种债券所承担的流动性风险较小；反之，如果一种债券按市价卖出很困难，则说明其流动性较差，投资人会因此而遭受损失。一般来说，政府债券以及一些著名的大公司债券的流动性较强。而有的债券交易不活跃时，就会出现流动性风险，如图 1-6 这只债券。

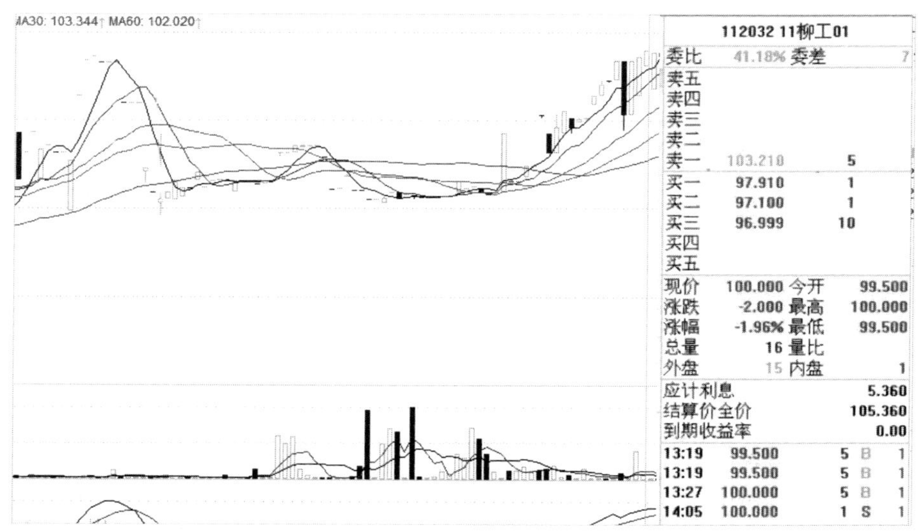

图 1-6 债券的数据详情

这是 2015 年 7 月 16 日债券 11 柳工 01 的当日盘口数据：买方愿意支付的最高价格是 97.91 元，而卖方愿意接受的最低价格是 103.21 元。两者之间相差了近 6 元，显然无法成交。从图中下方成交数据也可以看出，该债券在当日的成交量非常小，这就是流动性风险，想买的买不进，想卖的卖不出。

针对变现能力风险，投资者应尽量选择交易活跃的债券，如国债，便于得到其他人的认同，冷门债券最好不要购买。在投资债券之前也应考虑清楚，应准备一定的现金以备不时之需，毕竟债券的中途转让不会给持有债券的人带来好的回报。

■ 通货膨胀风险

通货膨胀风险又称购买力风险，是指由于通货膨胀而使货币购买力下降的风险。通货膨胀期间，投资人实际利率应该是票面利率扣除通货膨胀率。若债券利率为10%，通货膨胀率为8%，则实际的收益率只有2%，购买力风险是债券投资中最常出现的一种风险。

对于购买力风险，最好的规避方法就是分散投资，以分散风险，使购买力下降带来的风险能为某些收益较高的投资收益所弥补。通常采用的方法是将一部分资金投资于收益较高的投资方式上，如股票、期货等，但带来的风险也随之增加。

■ 再投资风险

再投资风险是指投资人以定期收到的利息或到期偿还的本金，进行再投资时市场利率变化使得再投资收益率低于初始投资收益率的风险。

对于再投资风险，应采取的防范措施是分散债券的期限，长短期配合。如果利率上升，短期投资可迅速找到高收益投资机会；若利率下降，长期债券却能保持高收益。也就是说，要分散投资，以分散风险，并使一些风险能够相互抵消。

■ 经营风险

经营风险是指发行债券的单位管理与决策人员在其经营管理过程中发生失误，导致资产减少而使债券投资人遭受损失。

为了防范经营风险，选择债券时一定要对公司进行调查，通过对其报表进行分析，了解其盈利能力、偿债能力和信誉等。由于国债的投资风险极小，而公司债券的利率较高但投资风险较大，所以，投资人需要在收益和风险之间做出权衡。

既然债券有这么多类型的风险，是不是就意味着债券投资的风险性很高？答案是否定的。投资人要投资之前需要有一个客观的认知，就是债券并非绝对没有风险。事实上，任何的投资都伴随着风险，只是看风险与收益是否对等。

1.4 信用评级，投资人的必备工具

很多基民投资基金产品时会根据基金评级网的评级结果来选择基金进行投资。同样的，债券也有风险评级系统，债券评级是对具有独立法人资格的企业所发行的某一种特定债券按期还本付息的可靠程度进行评估，并通过不同级别标示其等级。

1．信用评级能够减少投资人的风险

小李做生意多年有了一定的存款，随着通货膨胀的发生，他渐渐开始有了投资理财的意识。但是想到自己一来没有投资理财的经验，二来生意繁忙，实在没有多余的心思来专门研究理财。思来想去，他想到了购买债

券，自己没有投资经验，比较保守，债券相对来说风险较小比较适合自己。

下定决心之后，小李就到银行购买债券。但是在选择债券的时候，面对自己心仪的债券和银行理财人员推荐的债券，却犯了难。后来，小李大概地估计了自身的投资实力，他选择债券评级中级别较低的 A 债券（信用评级 B），他认为这款债券能够为自己带来较高的收益，而忽略了银行理财人员推荐的 B 款债券（信用评级 AA）。

三年之后，A 款债券不仅没有达到小李预期的收益效果，反而因为国际金融市场的不稳定出现了严重下跌，小李投资的 50 万元亏了不少，最终投资失败。

信用评级的目的是揭示信用风险，应该独立、客观、公正，信用评级诞生之初是为了解决投资人与发行人之间的信息不对称问题。债券的信用评级分为 A、B、C 以及 D 四类，具体见表 1–2。

表 1–2　债券评级内容

评级	内容
A 级	A 级债券的安全性最高，它们受经济形势影响的程度最低，当然收益水平也比较低。其中，A 级包括 AAA 级、AA 级以及 A 级
B 级	B 级债券的安全性、稳定性以及利息收益会受到经济市场中不稳定因素的影响，具有一定的风险，但是收益水平较高，筹资成本与费用也比较高。其中，B 级包括 BBB 级、BB 级以及 B 级
C 级	C 级债券的风险是比较高的一种债券，当然也会伴随比较高的收益，比较适合试图从差价变动中取得巨大收益的投资人。其中，C 级包括 CCC 级、CC 级以及 C 级
D 级	D 级债券对普通投资人来说是没有任何投资价值的，因为普通的投资人无法承担这类债券所带来的巨大风险与费用。D 级债券发行的比较少，一般比较适合机构投资人

如今各大债券门户网都有对债券进行评级，债券不同的级别分别对应不同的风险，对于刚进入债券市场的投资人来说，最好选择 AAA 级、

AA 级以及 A 级的债券进行投资。这类债券评级较高，能够有效地为投资人规避风险。

债券的信用级别越高，相对的信用风险就越小，债券发行人给予投资人的利息补偿就越少。反之，追求投资高回报，相对信用等级就低，自身承担的风险就越高。

2．信用评级工具怎么用

为了帮助投资人更好地选择理财产品，很多门户网站也都会提供债券的信用评级查询服务，投资人在了解怎么使用这类信用评级查询工具之后，能够更加方便地选择适合的债券。下面以中国债券网为例来进行介绍。

Step01 进入中国债券网首页（http://www.chinabond.com.cn），在页面上方选择“债券查询”选项卡，然后在“债券代码”文本框中输入代码，在“证券简称”文本框中输入债券简称，选择债券品种以及发行年份，单击“查询”按钮。这里的查询条件不是必须全部输入，输入的条件越完整，筛选的范围就越小。

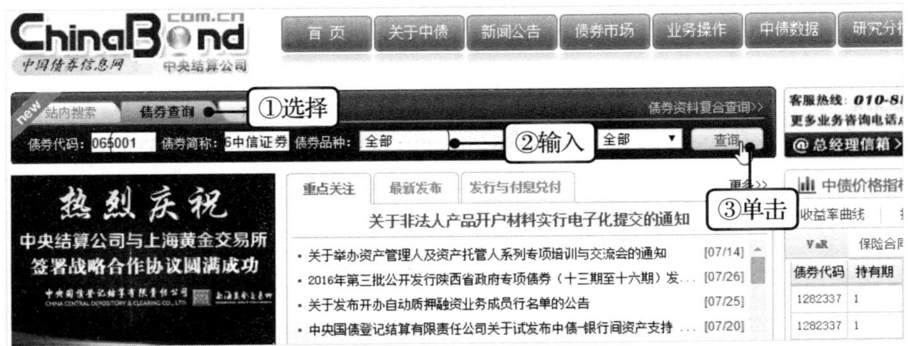

Step02 根据查询条件，页面跳转至查询结果页面。在页面上查找到目标债券，然后双击债券名称。

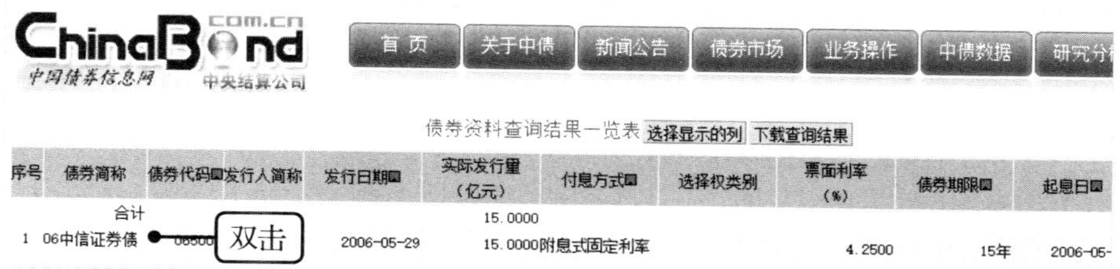

债券资料查询结果一览表 选择显示的列 下载查询结果

序号	债券简称	债券代码	发行人简称	发行日期	实际发行量（亿元）	付息方式	选择权类别	票面利率（%）	债券期限	起息日
	合计				15.0000					
1	06中信证券债	06500		2006-05-29	15.0000	附息式固定利率		4.2500	15年	2006-05-

Step03 页面进入债券资料页面，在其中可以查看到债券的所有详细信息，债券的评级信息也包括其中。

债券资料查询结果一览表

▸ 债券基本资料

债券名称	2006年中信证券股份有限公司债券	基本利差(%)	0
债券简称	06中信证券债	基础利率(%)	0
债券代码	065001	首次划款日	2006-06-02
发行日期	2006-05-29	起息日	2006-05-31
债券期限(年/月/日)	15年	到期日	2021-05-31
计划发行总额(亿元)	15.0000	流通标志	已流通
实际发行总额(亿元)	15.0000	上市流通日	2006-08-18
发行人简称	其它	发行手续费率(%)	0
债券品种	证券公司债	流通场所	银行间债券市
选择权		首次发行范围	银行间债券市
本息状态		首次发行价格	100.000
付息频率(月)	12	计息方式	附息式固定利
票面利率(%)	4.2500	兑付手续费率(%)	0
债券评级	AAA	债券评级机构	中诚信证券评
主体评级	AAA	主体评级机构	中诚信证券评

查看

除了在网站上查询债券的评级情况，也可以在财经行情软件中进行查询，其操作也非常简单。进入行情软件找到债券，根据债券的详细信息查询债券的评级情况，如图 1-7 所示为同花顺行情软件查询债券的评级结果。

国开1302 018002　基本资料　新闻公告　债券派息　债券详细　债券评级　财务分析

信用等级

信用评级

评级标准	发布日期	信用评级	评级类型	评级机构
主体评级	2016-07-14	AAApi	主体长期信用评级	联合资信评估有限公司
主体评级	2015-08-20	A+	长期外币发行人违约评级	惠誉国际信用评级有限公司
主体评级	2015-06-30	AAApi	主体长期信用评级	联合资信评估有限公司
主体评级	2015-04-15	A+	主体长期信用评级	惠誉国际信用评级有限公司
主体评级	2015-03-17	F1	短期外币发行人违约评级	惠誉国际信用评级有限公司
主体评级	2015-03-17	A+	长期外币发行人违约评级	惠誉国际信用评级有限公司

图 1-7　债券在同花顺中的评级情况

对投资人来说，信用评级的作用首先表现为它可以揭示债券发行人的信用风险，起到防范并降低投资人所面临的信用风险，协助投资人进行投资决策和提高证券发行效率的作用；其次，信用评级可以降低投资人的交易成本和投资风险。

由于投资人不可能获得发行人的全部信息，因此难以进行精确分析和选择。而信用评级机构利用自身的专业优势，可以对发行的债券可靠程度进行客观公正和权威的评定，改变了发债者与投资人之间信息不对称的现象。同时，降低了投资人的信息搜寻成本，最后信用评级结果既是债券定价风险与报酬的评估参考，又是债券投资组合风险控制与管理的参考，甚至可作为债券交易决策及内部信用评价的参考。

债券价格和收益率

从久期和凸度来看风险

债券购买要点关注

投资人在投资前会对产品的投资成本、收益率进行计算，以便来确定这样的投资是否能够给自己带来收益，这也是投资人进行债券投资之前需要关注的要点。

2.1 债券价格和收益率

对于投资人而言，投资最为重要的是需要有预见性，不能只关注眼前的蝇头小利，要有大局意识。首先需要从债券的投资成本出发，正确估算收益率。

1. 债券的投资成本预算

在购买任何一件物品时都需要成本，债券亦是如此。债券的成本大致可分为3个部分，分别是购买成本、交易成本和税收成本。

■购买成本

债券的购买成本，即购买债券数量与债券发行价格的乘积。若是债券经过多次流通交易，就乘以转让价格。其中，对于附息债券来说，它的发行价格是发行人根据预期收益率计算出来的。

而对于贴息债券，其成本的计算方式则不同，如下所示。

成本＝票面金额 ×（1 －年贴现率）

例如，某一债券的面额为1000元，年贴现率为8%，期限为1年，计算该债券的购买成本。

1000×（1 － 8%）=920（元）

■ 交易成本

债券经过一段时间的发行，就会进入二级市场流通转让，在交易所进行交易，此时如果购买就需要给证券经纪人一笔佣金。不过，投资人通过证券商认购交易所挂牌的国债可以免收佣金。

对于佣金的收费标准，一般每一手债券（10 股为一手）在价格每上升 0.01 元时，对应的起价佣金为 5 元，但是最高不超过成交金额的 2%。经纪人在投资人办理具体手续时，又会收取成交手续费、签证手续费和过户手续费。

每一笔买卖成交后，交易所会向买卖双方收取占交易额 3% 的成交手续费。签证手续费是买卖双方达成了口头交易之后，到债券柜台办理真假鉴别业务收取的费用。

最后，如果买方购买的是记名债券，在交割时还需要交纳占购买总额 2% 的过户手续费。

■ 税收成本

投资人还有一个需要考虑的问题就是税收成本，虽然国债、地方政府债和金融债券是免税的，债券交易也免去了股票交易所需要的印花税，但是投资人在投资企业债券时，需要交纳占投资收益额 20% 的个人收益调节税。一般这笔税款是由证券交易所在每笔交易最终完成时，清算资金账户时代为扣除。

2．收益率曲线图分析

债券收益率曲线是描述在某一时点上（或某一天）一组可交易债券的收益率与其剩余到期期限之间数量关系的一条趋势曲线。即在直角坐标系中，以债券剩余到期期限为横坐标，债券收益率为纵坐标而绘制的曲线。

债券收益率曲线将反映出某一时点（或某一天）不同期限债券的到期收益率水平。对投资人而言，可以用来作为预测债券的发行投标利率、在二级市场上选择债券投资券种和预测债券价格的分析工具。

债券收益率曲线的形状可以反映出当时长短期利率水平之间的关系，它是市场对当前经济状况的判断及对未来经济走势预期的结果。债券收益率曲线通常表现为 4 种形式，如图 2-1 所示。

正向收益率曲线
在某一时点上债券的投资期限越长，收益率越高，也就意味着社会经济处于增长期阶段

反向收益率曲线
在某一时点上债券的投资期限越长，收益率越低，也就意味着社会经济进入衰退期

水平收益率曲线
表明收益率的高低与投资期限的长短无关，同时也就意味着社会经济出现极不正常情况

波动收益率曲线
表明债券收益率随投资期限不同而呈现波浪变动，也就意味着社会经济未来有可能会出现波动的情况

图 2-1　债券收益率曲线的 4 种形式

在一般情况下，债券收益率曲线是一个有一定角度的正向曲线，即长期利率在相当程度上高于短期利率。这是由投资人的流动性偏好引起的，由于期限短的债券其流动性要好于期限长的债券作为流动性较差的补偿，期限长的债券收益率也要高于期限短的收益率。当然，当资金紧俏导致供需不平衡时，也可能出现短高长低的反向收益率曲线。

债券收益率曲线是静态的，随着时点的变化债券收益率曲线也会变化。但是，通过对债券交易历史数据的分析找出债券收益率与到期期限之间的数量关系，然后形成合理有效的债券收益率曲线，从而可以用其来分析和预测当前不同期限的收益率水平。

个人投资者在进行债券投资时可以利用某些专业机构提供的收益率曲线进行分析作为自主投资的一个参考。如和讯财经网，该网提供的每日以基准债券的市场价格绘制成的收益率曲线，可为投资人分析在银行柜台债券市场交易的债券价格提供参考。投资人在其收益率曲线界面上，只要输入债券的剩余到期期限，就可得到相应的收益率水平。通过该收益率水

平计算出相应债券的价格，由此可作为投资人的交易参考。

Step01 进入和讯网首页(http://www.hexun.com/)，在页面上方单击“债券”超链接。

Step02 进入债券页面，在页面上方单击“债券一览表”超链接。

Step03 进入债券列表页面，在页面中找到需要查询的债券，并双击该证券的名称超链接。

Step04 页面跳转至个债资料页面，在页面上可以查看到债券的具体信息。然后在页面的右边单击“收益率曲线图”超链接。

和讯网 > 债券频道 > 个债行情

个债资料

项目	详细资料
公司名称	2003年记帐式（十一期）国债
债券代码	010311
代码简称	03国债(11)
发布时间	2003-12-01
上市日	2003-12-02
发行额(亿元)	360.0000
面额(元)	100.00

债券查询 输入代码、简称或拼音首字

数据资料
- 债券一览表
- 交易所指数图
- 收益率曲线图
- 行情收益列

单击

银行利率表

存款利率表 | 贷款利率表 | 金融机构

品种	调整前年利率
活期	0.35%
三个月	1.35%

Step05 在这个页面中就能够查看到债券的收益率曲线走势情况，还能够根据走势查看到结果。

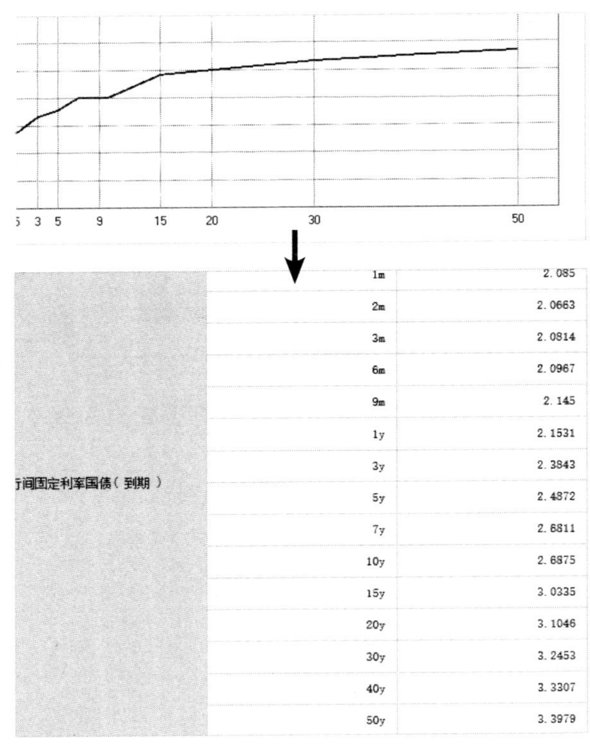

亍间固定利率国债（ 到期 ）		
	1m	2.085
	2m	2.0663
	3m	2.0814
	6m	2.0967
	9m	2.145
	1y	2.1531
	3y	2.3843
	5y	2.4872
	7y	2.6811
	10y	2.6875
	15y	3.0335
	20y	3.1046
	30y	3.2453
	40y	3.3307
	50y	3.3979

投资人还可以根据收益率曲线不同的预期变化趋势，采取相应的投资

策略。如果预期收益率曲线基本维持不变，且目前收益率曲线是向上倾斜的，则可以买入期限较长的债券；如果预期收益率曲线变陡，则可以买入短期债券，卖出长期债券；如果预期收益率曲线将变得较为平坦时，则可以买入长期债券，卖出短期债券。如果预期正确，上述投资策略可以为投资人降低风险，提高收益。

3．债券收益率的计算

投资人在投资债券时，最为关心债券的收益有多少，这就需要对收益率进行计算。债券收益率是债券收益与其投入本金的利率，通常用年利率表示。债券收益不同于债券利息，债券利息指的是债券票面利率与债券面值的乘积。但是由于投资人在债券持有的期间内，还可以在二级市场进行买卖赚取差价，所以债券收益除了利息之外，还包括买卖盈亏的差价。

债券收益率的主要因素有债券票面利息、期限、面值和购买价格。所以债券的收益率计算公式如下。

债券收益率 =（到期本息 − 发行价格 / 发行价格 × 偿还期限）× 100%

由于债券持有人可能在债务偿还期内转让债券，因此债券的收益率还可以分为债券出售者的收益率、债券购买者的收益率和债券持有期间的收益率。各自的计算公式如下。

债券出售者的收益率 =（卖出价格 − 发行价格 + 持有期间的利息）÷（发行价格 × 持有年限）× 100%

债券购买者的收益率 =（到期本息和 − 买入价格）÷（买入价格 × 剩余期限）× 100%

债券持有期间的收益率 =（卖出价格 − 买入价格 + 持有期间的利息）÷

（买入价格 × 持有年限）×100%

例如，某投资人于 2000 年 8 月 1 日以 102 元的价格购买了一张面值为 100 元、利率为 10%、每年 8 月 1 日支付一次利息的国库券，该债券于 1996 年发行，期限为 5 年，持有到 2001 年 8 月 1 日到期，其计算如下：

债券购买者收益率 =[（100+100×10%−102）÷102×1]×100%=7.8%

债券出售者的收益率 =（102−100+100×10%×4）÷（100×4）×100%=10.5%

再例如，投资人于 2001 年 1 月 1 日以 120 元的价格购买了面值为 100 元、利率为 10%、每年 1 月 1 日支付一次利息的国库券，该债券于 2000 年发行，期限为 10 年，持有到 2006 年 1 月 1 日以 140 元的价格卖出。

债券持有期间的收益率 =（140−120+100×10%×5）÷（120×5）×100%=11.7%。

以上的收益率计算是没有考虑将获得的利息进行再投资的情况。把所获得的收益计入债券收益，从而计算出来的收益即为复利收益。

4. 通过债券估值来投资

很多投资人会有疑问，为什么债券之间的价格会相差那么大？还有的投资人会奇怪，为什么我持有的债券明明各方面都比那只卖出的债券要好，但是我持有的这只债券却天天不见涨，反而卖出的那只债券却涨势良好。这其中就涉及债券的估值，债券应该如何估值呢？准确地估值能够帮助投资人投资成功。

首先，债券估值可以通过 4 个重要的指标来进行判断，如下所示。

◆ **债券的市场售价**：债券的市场售价即投资人购买债券的价格，对于投资人而言，债券的价格越便宜越好。同一只债券，昨天售价 100 元，而今天售价 98 元，投资人肯定会选择今天购买。

◆ **票面利率：**同样的债券价格，一只债券每年付给投资人 8% 的利息，而另一只债券每年付给投资人 6% 的利息。相比之下，投资人都会选择 8% 利息的债券。

◆ **到期时间：**指的是投资人投资债券的最长期限，不包括在二级市场转卖的时间。债券到期之后，投资人会拿回自己的全部本金。

◆ **付息还本方式：**不同的债券付息还本的方式是不同的。大部分债券是每年付利息一次，到期返还本金。部分的债券会半年或 3 个月付一次利息。另外，还有的债券中途会分期返还本金。不同的付息还本方式，对债券的估值也会有很大的影响。

面对这些指标应该怎样来对债券进行估值呢？这时可以选择最常用的到期收益估值法，通过到期收益率进行估值。

债券的到期收益率就是持有一只债券，直到债券到期，即理论上的平均年收益。到期收益率越大，债券的收益率就越高。到期收益率的计算公式如下。

$$P_0 = \sum_{t=1}^{n} \frac{C_t}{(1+r)^t} + \frac{F}{(1+r)^n}$$

其中，F 为债券的面值，C 为按照票面利率每年支付的利息，P_0 为债券当前市场价格，r 为到期收益率。

如果票面金额为 1000 元的两年期债券，第一年支付 60 元利息，第二年支付 50 元利息，现在的市场价格为 950 元，该债券的到期收益率为多少？

$$950 = \frac{60}{(1+r)} + \frac{50}{(1+r)^2} + \frac{1000}{(1+r)^2}$$

到期收益率 r=5.5%

但是，投资人没有必要计算每只债券的到期收益率，这样太过复杂。现在很多财经网站上都可以查询到，如和讯财经网。

Step01 进入和讯网首页（http://www.hexun.com/），在页面上方单击“债券”超链接。

Step02 进入和讯网债券页面，在页面右上方单击“到期收益率”超链接。

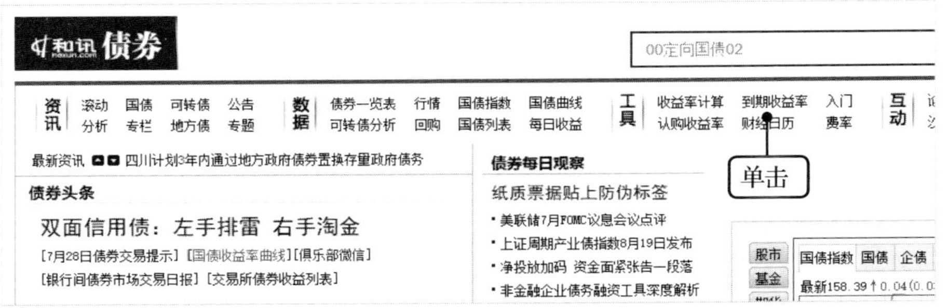

Step03 页面跳转至债券计算器页面，进入债券到期收益率计算栏目，根据页面提示在相对应的文本框中输入债券单位成本、债券单位面值、债券购买交割日、债券到期兑付日以及选择债券利息支付方式，然后单击“开始计算”按钮，再单击“计算结果”按钮，就能够在页面下方查询到计算结果了。

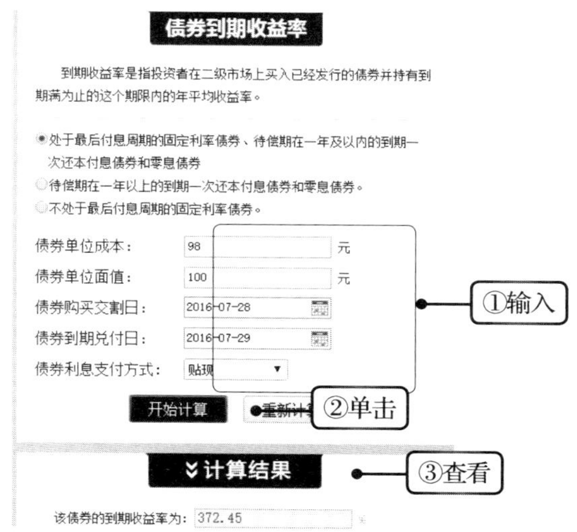

债券的到期收益率跟债券的价格相反，当一只债券价格呈现上涨走势时，它的到期收益率会下降；相反，当债券的价格呈现下跌走势时，它的到期收益率会上涨。所以，投资人经常看到债券评论中说某只债券的收益率上行，其实就是指它的价格跌了。

5．对债券价格波动的查看

债券的价格不是恒定不变的，投资人在准确衡量债券价格的波动性之后，可以有效地规避利率风险，采取正确的投资策略。

■ 利率大小与债券价格波动

债券价格与票面利率之间存在着一种反向变动的关系。

债券价格 = 债券固定利息 ÷ 市场利息率

所以，市场利率上升，债券价格下降；市场利率下降，债券价格上升。

例如，某只面值为100元，固定利息为5%的债券。当市场利率为5%时，其价格为100元（100×5%÷5%）；当市场利率上升为6%时，债券价格为 83.33 元（100×5%÷6%）；当市场利率下降为 4% 时，债券价格为 125 元（100×5%÷4%）。

■ 到期时间与债券价格波动

随着债券到期日的临近，债券价格的波动浮动减小，并且是以递减的速度减少；反之，到期时间越长，债券价格的波动幅度增加，并且是以递减的速度增加。这个原理同样适合于不同债券之间的价格波动比较，以及统一债券价格波动与其到期时间的关系。

■ 收益与债券价格波动

对于期限既定的债券，有收益率下降导致的债券价格上升的幅度大于同等幅度的收益率上升导致的债券价格下降的幅度。换言之，对于同等幅度的收益率变动，收益率下降给投资者带来的收益大于收益率上升给投资者带来的损失，如图 2-2 所示。

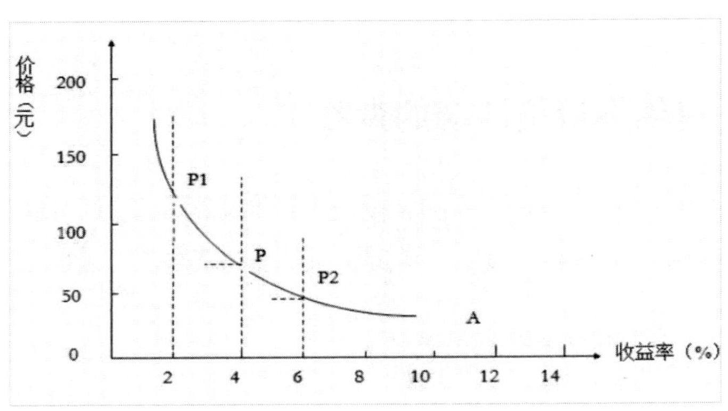

图 2-2　价格 - 收益率曲线

由图 2-2 可以看出，（P1 - P）>（P - P2），即价格上升的幅度大于价格下降的幅度。同时，价格 - 收益曲线越陡峭，价格上升的幅度相比价格下降的幅度越大。

■ 初始收益率与债券价格波动

对于债券，当其他的因素保持不变时，初始收益率水平越低，债券价格的波动变化越大；相反，初始收益率水平越高，债券价格的波动变化越小，如图 2-3 所示。

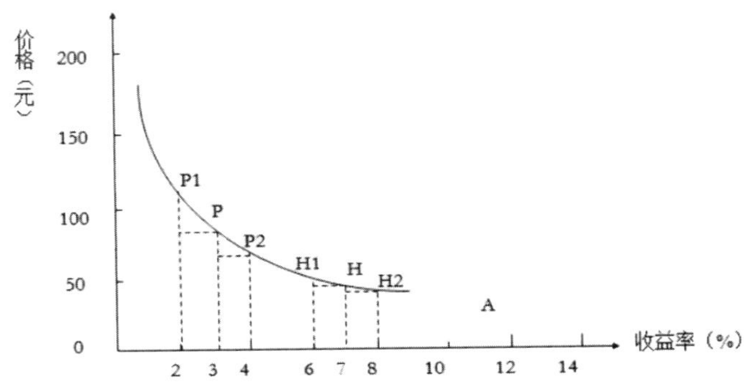

图 2-3　收益率与价格曲线

由图 2-3 可以看出，（P1 － P）>（P － P2）>（H1 － H）>（H － H2），即初始收益率越高时，债券价格波动幅度越小。同时，价格－收益率曲线越陡峭，初始收益率较低时，价格变化的幅度相比初始收益较高时的价格波动变化幅度更大。

2.2 根据久期和凸度来判断债券的风险

对于投资人而言，投资最为重要的是需要有预见性，不能只关注眼前的蝇头小利，要有大局意识。首先需要从债券的投资成本出发，正确估算收益率。

1．关于债券久期与风险

债券久期即债券持有到期的时间，也是投资人衡量债券价格对市场利率变动敏感性最重要的标准。当利率上升时，可以投资或者加大对短期债券的投资，也可以缩短投资期限；如果利率降低，可以考虑对长期债券的投资，或者增加拥有的期限。

久期将所有影响利率的风险因素都包含在内，它综合了票面利率、利息支付方式以及市场利率等。久期存在不同的计算方式，如下所示。

$$D=\frac{\sum_{t=1}^{T}PV(c_t)\times t}{B}=\sum_{t=1}^{T}[\frac{PV(c_t)}{P_0}\times t]$$

其中，D 是马考勒久期，B 是债券当前的市场价格，PV（C_t）是债券未来第 t 期现金流（利息或资本）的现值，T 是债券的到期时间。

需要指出的是，在债券发行时以及发行后，都可以计算马考勒久期。计算发行时的马考勒久期，T（到期时间）等于债券的期限；计算发行后的马考勒久期，T（到期时间）小于债券的期限。

任一金融工具的久期公式一般如下所示。

$$D=\frac{\sum_{t=1}^{n}\frac{t\times C_t}{(1+i)^t}+\frac{n\times F}{(1+i)^n}}{\sum_{t=1}^{n}\frac{C_t}{(1+i)^t}+\frac{F}{(1+i)^n}}$$

其中，D 为久期，t 为该金融工具现金流量所发生的时间，C_t 为第 t 期的现金流，F 为该金融工具的面值或到期日价值，n 为到期期限；i 是当前的市场利率。

实际上，公式中的分母正是该金融工具的市场价值。因此，久期公式又可表示为下面的情况。

$$D=\frac{\sum_{t=1}^{n}\frac{t\times C_t}{(1+i)^t}+\frac{n\times F}{(1+i)^n}}{P}$$

其中，P 表示该金融工具的市场价值或价格。

例如，面额为 1000 元的 3 年期变通债券，每年支付一次息票，年息票率为 10%，此时市场利率为 12%，则该种债券的久期计算方法如下。

$$D=\frac{\frac{100\times1}{(1.12)^1}+\frac{100\times2}{(1.12)^2}+\frac{100\times3}{(1.12)^3}+\frac{1000\times3}{(1.12)^3}}{\sum_{t=1}^{3}\frac{100}{(1.12)^t}+\frac{1000}{(1.12)^3}}=\frac{2597.6}{951.96}=2.73\text{（年）}$$

其他条件保持不变，市场利率下跌至 5%，此时久期计算方法如下。

$$D=\frac{\frac{100\times1}{(1.05)^1}+\frac{100\times2}{(1.05)^2}+\frac{100\times3}{(1.05)^3}+\frac{1000\times3}{(1.05)^3}}{\sum_{t=1}^{3}\frac{100}{(1.05)^t}+\frac{1000}{(1.05)^3}}=\frac{3127.31}{1136.16}=2.75\text{（年）}$$

同理，如果其他条件不变，市场利率上升至 20%，久期计算方法如下。

$$D=\frac{\frac{100\times1}{(1.20)^1}+\frac{100\times2}{(1.20)^2}+\frac{100\times3}{(1.20)^3}+\frac{1000\times3}{(1.20)^3}}{\sum_{t=1}^{3}\frac{100}{(1.20)^t}+\frac{1000}{(1.20)^3}}=\frac{2131.95}{789.35}=2.68\text{（年）}$$

再者，如果其他条件不变，债券息票率为 0，那么久期的计算方法如下。

$$D=\frac{\frac{1000\times3}{(1.12)^3}}{\frac{1000}{(1.12)^3}}=3\text{（年）}$$

从上面的计算结果可以发现，久期随着市场利率的下降而上升，随着市场利率的上升而下降，这说明两者存在反比关系。此外，在持有期间不支付利息的债券，其久期等于到期期限或偿还期限。那些分期付息的债券，久期总是短于偿还期限，是由于同等数量的现金流量，早兑付的比晚兑付的现值要高。

债券到期期限越长，其久期也越长；债券产生的现金流量越高，其久期越短。久期越短，债券对利率的敏感性越低，风险越低；反之，久期越长，债券对利率的敏感性越高，风险越高。

2．修正久期衡量债券价格利率风险

修正久期是用来衡量债券价格对利率变化的敏感程度的指标。很多人会有疑虑，我们已经可以通过久期来衡量利率风险，明白债券的久期越长，利率的变化对该债券价格的影响就越大，风险也越大，那为什么还要引入修正久期呢？

久期是现金流的加权平均时间，其意义是用来衡量利率风险。久期只是从概念上告诉了投资人债券投资的风险大小，并没有量化，但是修正久期对利率风险进行了量化。

如修正久期的值为 X，其意义是指“债券利率变动 1%，债券价格变动百分之 X”。用修正久期乘以债券的价格再除以 10 000，投资人就可以知道债券利率变化 0.01% 时，债券价格变化多少。这样一来就能够在真正的投资运用中，给投资人一个量化的概念。从数学的角度来看，修正久期比久期更具意义。修正久期在金融的多个领域被广泛运用，具有重要意义，这里以债券型基金为例进行详细介绍。

目前，国内债券基金信息披露主要是以季报和年报的方式，所以修正久期的计算也可以分为季报法和年报法。在季报法中，可以查询到基金季度末前 5 大重仓债券的信息，从而计算这 5 只债券修正久期的加权平均值。

例如，某只债券基金在四季度末重仓的前 5 大债券分别为 A、B、C、D 和 E，其久期分别是 1、2、3、4 和 5，各债券的公允价值占 5 大重仓债券公允价值的 30%、20%、20%、15% 和 15%。则债券基金估算的修正久期为 $1\times30\%+2\times20\%+3\times20\%+4\times15\%+5\times15\%=2.65$。可以解释为当市场收益率上行 100 个基点时，债券基金的净值预计下降 2.65%。

修正久期度量了收益率与债券价格的近似线性关系，即到期收益率变化时债券价格的稳定性。在同等要素条件下，修正久期小的债券较修正久期大的债券抗利率上升风险能力强，但抗利率下降风险能力较弱。

3．从凸性来分析债券的风险

利用久期来估计债券价格的波动性，实际上是用价格收益率曲线的切线作为价格收益率曲线，只有在收益率变动较小时，此方法比较实用。但是若利率变化较大时，需要引入更加精确的度量方法，就是凸性。它指的是债券价格与到期收益率之间的关系，用弯曲的程度来表示。

由于债券的价格与收益率成反比关系，但是这种反比关系是非线性的，即债券收益率下降所引起的债券价格上升的幅度不同于收益率同比上升所引起的债券价格下降幅度，这种现象就是凸性引起。凸度的性质主要有以下几点。

- 凸性随久期的增加而增加，如果收益率与久期不变，票面利率越大，凸性越大。利率下降时，凸性也会增加。
- 对于没有隐含期权的债券来说，凸性总大于 0，即利率下降债券价格将以加速度上升；当利率上升时，债券价格以减速度下降。
- 含有隐含期权的债券的凸性一般小于 0，即价格随着利率的下降以减速度上升，或债券的有效持续期随利率的下降而缩短，随利率的上升而延长。因为利率下降时，买入期权的可能性增加了。

凸性越大，债券价格弯曲程度越大，用修正久期度量利率风险所产生的误差就越大。凸性的具体计算公式如下。

$$凸性 = 久期改变的百分比 \div 收益率改变的百分比 = \frac{1}{P}\frac{d^2P}{dy^2}$$

当两只债券的久期相同，它们的风险不一定相同，因为它们的凸性可能不同，如图 2–4 所示。

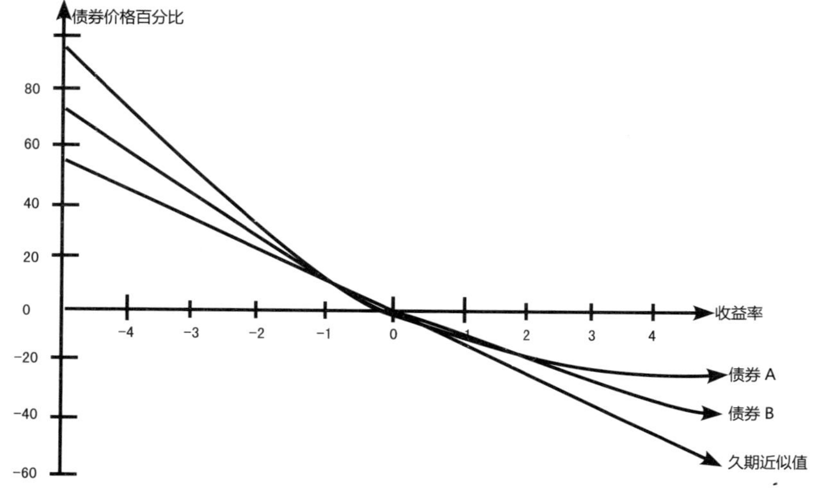

图 2–4 债券凸性变化

债券 A 和债券 B 的初始收益率和久期相同，其中债券 A 的凸性大于债券 B。当利率下降时，债券 A 的价格上涨的幅度更大，而当利率上升时，债券 A 的价格下降幅度更小。因此，在久期相同的情况下，凸性大的债券风险更小。由此得出，当其他条件接近时，凸性大的债券会对投资人更加具有吸引力。这种不对称性对投资人有利，如果投资人选择高凸性的债券，则他需要付出较高的初始价格，接受较低的初始收益率。

如果投资人面对两个不同凸率，且具有相同存续期间的债券，两者的市场到期收益率也正好相同，投资人对两只债券也会有不同的偏好。基于债券凸性的特质，如果两只债券有着不同的凸率，理性投资人会偏好债券凸率较高的债券。因此，投资人对于高凸率债券的到期收益率要求将会低于凸率较小的债券。换言之，在其他条件相同的情况下，高凸率债券的价格应该比低凸率债券高，以反映出债券凸性的价值。

国债认识与投资

国债投资技巧

信用最好的金融债券

保守型债券投资——国债与金融债

投资与风险并行，债券也是如此。在众多的债券品种中，低风险的国债与金融债券，由于其收益的稳定性，尤其受到保守型投资人的追捧。

3.1 初识国债与国债投资

> 投资人都知道国债是风险最低的一种投资，许多投资人风险承受能力比较低，希望在保住自己已有资产的同时，能够使资产得到稳定增长，由此，国债就成为这类投资人的首选。

1. 国债的投资品种有哪些

国债，又称为国家公债，是国家以其信用为基础，按照债券的一般原则，通过向社会筹集资金所形成的债权债务关系。国债是由国家发行的债券，是中央政府为筹集财政资金而发行的一种政府债券。

投资政府债券需要注意以下几点。

- **安全性：** 在市场的所有债券中，信用最高，由政府承担还本付息，风险较低。
- **流通性强：** 由于发行主体的特殊性，一般发行量较大，而且能流通的市场比较广泛，不仅可以在场内进行交易，而且还能够在场外进行交易。
- **收益稳定：** 国债的交易价格相对来说比较稳定，一般不会出现太大情况的波动。投资人在二级市场进行交易时，买卖的双方都能够获得稳定的收益。
- **免税：** 一般股票都会有印花税、过户费等税费，另外对于红利和股息还要缴纳个人所得税，但是购买国债后获得的收益，一般免征所得税。

除了前面提到的几点，投资人在购买国债时，是否应该对国债的分类情况有所了解呢？这个是必然的。

国债的分类方式有很多，例如按照借债方式不同，可以分为国家债券和国家借款；按照偿还期限不同，可以分为定期、短期、中期、长期以及不定期国债；按照发行地域不同，可以分为国家内债和国家外债等。这里主要介绍按照债券发行方式的不同所进行的分类，如图 3-1 所示。

凭证式国债

可以记名和挂失，但是不能上市流通交易，在投资人购买的当日计息。如果在持有期内，投资人需要资金周转，可以在购买网点提前兑换，本金全部退还，利息按照实际持有天数计算，但是一般会收取本金的1%作为手续费

记账式国债

是一种常用的国债，一般通过证券交易所的交易系统发行、交易，可以记名、挂失、转让以及上市转让，但是投资人交易的前提是已经在证券交易所开立了证券账户、现金账户等。对于记账式债券的国债，一般交易和发行都在网上进行，效率较高

储蓄式国债

类似于银行储蓄，面向投资者个人发行，不能在市场上流通，现在一般采用电子式的储蓄国债，比较方便

无记名式国债

是一种实物债券，投资人可以在发行行或者代理发行机构的柜台购买，也可以在柜台卖出，还可以在证券交易所托管。通过交易系统卖出，此类债券面值不等，不记名、不挂失，但是可以上市流通

图 3-1　国债的 4 种类型

投资人在银行购买债券时，银行一般销售两种债券。一种是凭证式国债，这种国债发行较少，且只在发行期内才能够购买，在发行之前会通过电视、报纸以及财经网站进行公布；另一种就是记账式国债，在中国工商银行、建设银行、农业银行以及中国银行可以购买到。

其中，购买凭证式国债和存银行定期类似，它的收益率就是国债的利

率，如果某期国债票面利率是 4%，3 年期，那么 3 年里每年的收益率就是 4%，用本金乘以 4% 就可以计算出每年的收益。凭证式国债如果提前赎回，利息会是惩罚性的低利息，还要支付手续费。

2．国债如何交易

对于国债的购买，凭证式的国债只能通过银行柜台购买，而电子式国债既可以在银行柜台购买，还可以通过网银购买。随着时代的进步，由于网银购买债券方便、快捷，被越来越多的投资人使用。下面以农业银行为例，介绍债券的购买。

投资人在购买之前首先需要开通网银，同时，需要注意国债的发售时间是上午 8：30。所以在购买之前进入农业银行的网上银行，将准备工作做好。

Step01 进入农业银行首页，登录网上银行后，单击“投资理财”选项卡，单击“债券”下拉按钮，在弹出的下拉列表中选择“储蓄国债”→“国债账户管理”选项。这里只有储蓄（电子式）国债。

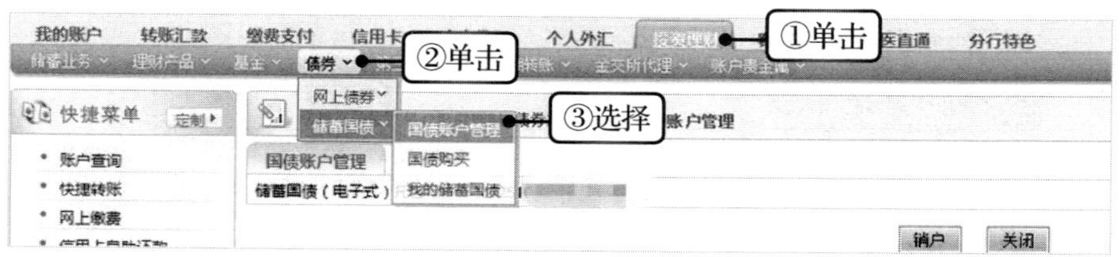

Step02 页面跳转至债券购买页面，投资人根据自己事先的计划进行选择，在相应的债券选项后单击“购买”按钮。

您现在的位置是：投资理财>债券>储蓄国债>国债购买

购买储蓄国债

序号	债券代码	债券名称	期限	执行利率（%）	发行起始日期	发行终止日期	操作
1	141708	2014年第八期储蓄国债（电子式）	5年	5.41000000	2014年08月10日	2014年08月19日	购买
2	141707	2014年第七期储蓄国债（电子式）	3年	5.00000000	2014年08月10日	2014年08月19日	购买

单击

Step03 页面跳转至债券的详细信息页面，投资人可以查看到债券的具体信息，然后在“资金账号”文本框中输入银行卡信息、购买金额以及支付密码，单击“确定”按钮。

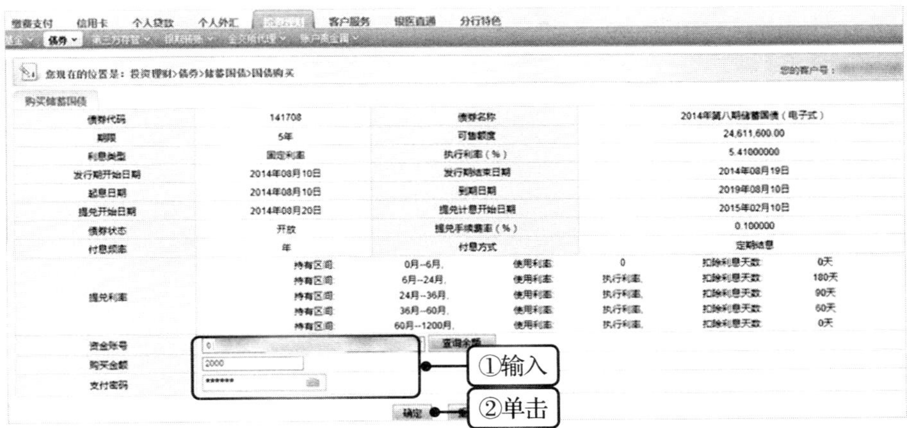

【提示注意】

购买债券的注意事项：

（1）虽然电子式国债可以通过网上银行购买，但并非所有的银行都可以。建议购买前先给银行的客服人员打电话确认一下，自己的银行账号是否支持网上银行购买国债。

（2）如果是第一次购买电子式储蓄国债，还需要在购买前开通“国债托管账户”，所谓的“国债托管账户”就是在网上银行用于购买国债的账户。

（3）买国债不要只盯着大银行，大银行网点多，人流大，往往更早售罄。不妨看看自己周围有没有中小型的商业银行，提前咨询客服有没有销售额度。如果有，可以去试试运气，要比大型银行好抢得多。

投资人在投资国债的过程中，除了会有购买，还会牵扯到卖出和回购，但是不管是买方还是卖方都需要遵守一定的市场交易原则，这就是国债交易的程序。

国债的交易程序和其他的债券一样，主要有 5 个步骤：开户、委托、成交、清算和交割、过户。投资人要参与证券交易所国债交易，首先必须选择一家证券经纪公司或证券营业部，并在该公司办理开户手续后方可进行交易。投资人在证券公司开立账户以后，要想真正上市交易，还必须与证券公司办理证券交易委托关系。投资人通过证券公司营业部柜台或电话委托等方式进行委托交易。之后，投资人可通过柜台或电话委托的方式查询成交情况。清算、交割、过户需要 T+1 日才能完成。

国债交易也以价格、时间为先的交易原则，每次交易最少为 1 手，最高不超过 1 万手，以 1000 元面值为 1 手。报价是以面值为 100 元报价，交易一般在每周一至周五上午 9:30 ～ 11:30、下午 13:00 ～ 15:00 进行，法定节假日不计算在内，一般现货交易还可以实现回转交易，即当天买入、当天卖出。

正式实施国债净价交易后，将实行净价申报和净价撮合成交的方式，并以成交价格和应计利息额之和作为结算价格。报价系统同时显示国债全价、净价及应计利息额。与其他证券交易一样，债券交易一般采用电脑集合竞价和连续竞价两种方式。竞价时间集合竞价：上午 9:15 ～ 9:25，连续竞价：上午 9:30 ～ 11:30 和下午 13:00 ～ 15:00。

集合竞价是当日该证券第一笔成交价，证券的开盘价通过集合竞价方式产生，不能产生开盘价的，以连续竞价方式产生。证券的收盘价为当日该证券最后一笔交易前一分钟所有交易的成交量加权平均价（含最后一笔交易）。当日无成交的，以前收盘价为当日收盘价。

3．从国债衍生而来的国债基金

国债基金是一种以国债为主要投资对象的证券投资基金。由于国债的年利率固定，又有国家信用作为保证，这类基金集合了国债低风险的特点，适合保守型的投资人。

国债基金投资与国债投资虽然都是低风险、低收益的理财产品，但是它们是不同的。基金是投资人将资金交给专业人士，由专业人士对这些资金进行投资，如购买股票、债券以及货币等，让投资人的资金得到增值的同时，收取一部分的管理费用，让投资人和基金管理者达到双赢。

而国债，是政府向社会筹集资金的一种行为，约定一定的期限还本付息，同时利息高于或者接近近期的利息。常见的国债基金有国泰上证5年期国债ETF、嘉实中证金边中期国债ET以及易方达中债3～5年期国债等。

这里以易方达3～5年期国债ETF（001512）为例来进行介绍。易方达3～5年期国债ETF指数基金是纯债基金，风险较低。如图3-2所示，为基金的资产分布。

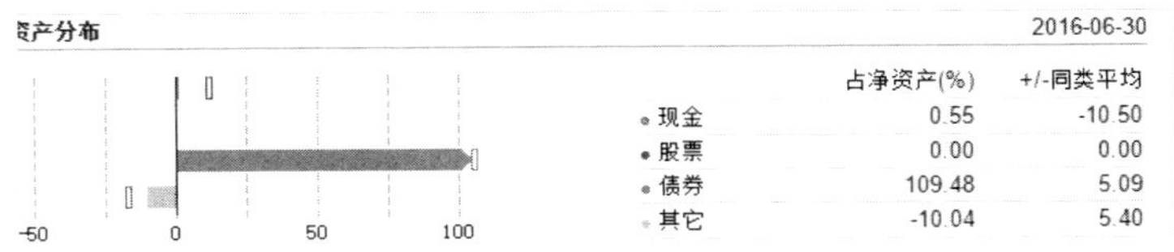

图3-2 基金的资产分布

由图3-2可以看出，纯债基金的资产几乎都投资于债券，而没有股票这类风险较高的产品组合。如图3-3所示为基金所投资的债券产品信息。

债券品种 历史分布>> 2016-06-30

序号	债券品种	占净资产(%)	+/-同类平均
1	国家债券	81.41	74.54
2	央行票据	-	-
3	金融债券	28.08	3.76
4	企业债券	-	-37.35
5	企业短期融资券	-	-15.09
6	中期票据	-	-17.85
7	可转债（可交换债）	-	-
8	公司债券	-	-
9	资产支持证券	-	-1.12
10	同业存单	-	-3.17
11	地方政府债	-	-0.04
12	其他	-	-2.89

0 10 20 30 40 50 60 70

图3-3 基金投资债券产品信息

由图 3-3 可以看出，在基金资产投资的债券中，风险最低的国债比例最高，占到了净资产总值的 81.41%。除了国债之外，投资了信用最好的金融债券，将整个基金的风险减小。那么，这样配置之下的基金情况是怎样的呢？如图 3-4 所示。

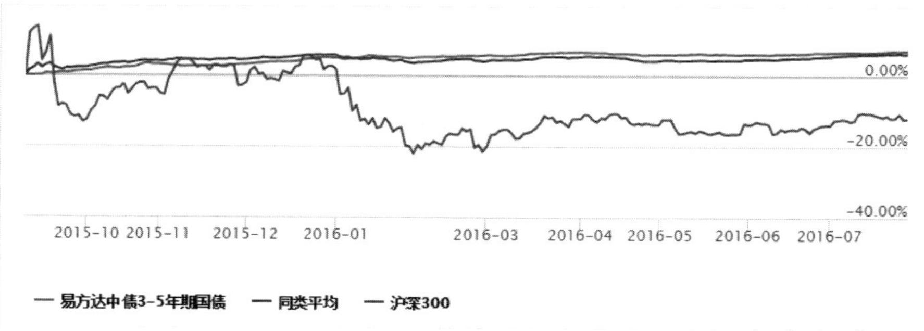

图 3-4　基金 2015 年 10 月到 2016 年 7 月的收益走势

由图 3-4 可以看到，由于国债基金独特的资产配置，基金的收益走势整体呈现出一个非常平稳的情况，没有明显的波动。这类基金非常适合追逐低风险投资的投资人群。

3.2 国债怎么投资才赚钱

国债投资策略可以分为保守型投资和积极型投资两种。保守的投资策略，指的是在合适的价位买入国债之后，一直持有至到期，期间不做买卖操作。而积极型投资策略，是指根据市场利率及其他因素变化，低进高出，赚取买卖差价。

1．记账式国债的投资技巧

记账式国债已经逐渐成为投资人的一种重要理财方式，其具有安全性高、流动性好以及投资方便等特点。同时记账式国债交易净值的频繁波动也会影响短期收益，记账式国债投资主要有以下几个策略。

■ 明确投资期限

投资人在投资之前需要明确自身投资期限的长短。记账式国债的收益率比较适合于投资人进行长期的收益，甚至是拥有国债到期。

例如，2011 年发行的某只记账式国债，剩余期限不足 5 年。其在银行的卖出报价为 90.5 元左右，到期收益率达到 4.5%。此时说明投资人购买该只记账式国债，并且持有该国债到期兑付，那么不管国债市场如何波动，投资人都可以获得 4.5% 的平均收益率。

■ 选择票面利率高的国债

由于受宏观经济情况的影响，不同年份发行的柜台记账式国债的票面利率相差较大。例如 020006、020015 和 030007 记账式国债的票面利率分别为 2.00%、2.93% 和 2.66%。根据现实交易的情况表明，票面利率高的记账式国债的交易更为活跃，价格上涨的概率也会更高。所以，投资人在选择国债时，可以尽量选择票面利率高的债券。

■在净值报价小的银行购买

对于凭证式国债，无论在哪个代销银行购买都一样。但是对于记账式国债来说，在不同的银行购买不仅投资人买入的价格不同，而且投资人卖出的价格也不同。事实上，买卖价格差是投资人投资记账式国债变现获得流动性的代价。价差越小，意味着投资流动性的代价越小。

对于记账式国债的投资人而言，到买卖价差小的银行购买国债，能够增强投资的流动性。

同时，记账式国债的净值变化是有规律可循的。记账式国债净值变化的时段，主要集中在发行期结束开始上市交易的初期。在这个时段，投资人所购买的记账式国债将有较为明确的净值显示，可能获得资本溢价收益，也可能遭受资本损失。但是只要投资人避开这个时段去购买记账式国债，就可以规避国债净值波动带来的风险。

2．受老年人欢迎的凭证式国债投资

凭证式国债适合于中老年投资人，购买凭证式国债类似于银行定期存单，利率通常比同期银行存款利率高，同时安全性高且较稳定。但是凭证式国债的投资也需要讲究一定的投资技巧。

■ 不动用短期资金

凭证式国债投资的收益高于同期定存，且具有定存定期的特点。所以，对于投资人而言，在投资之前需要考虑所用的资金是否为短期内需要用到的。如果在半年内即将使用该笔资金，就不能急于进行投资。因为这样的投资，往往得不到任何收益，反而会缴纳 1% 的手续费。

■ 提前支取算清账目

投资人持有等额凭证式国债的时间越长，那么提前支取对于投资人的损失也就越大。如果进行提前支取，很多时候不划算，甚至会出现亏损的情况，所以投资人应该在提前了解清楚账目的情况下，再决定是否提前支取。下面以一个具体的实例来进行介绍。

王女士持有凭证式国债的本金为 10 万元，期限为 3 年，提前支取的手续费为 1%，该凭证式国债的利率为 x%，提前支取已持期限所对应的年利率为 y%，所转购的新凭证式国债利率为 z%。凭证式国债提前支取后再转购新凭证式国债的不亏不赚的临界点天数为 D。

所以得到：10 万元 ×x%×3 年 =10 万元 ×y%÷360 天 ×D+10 万元 ×z%÷360 天（360 天 ×3 年－D）－10 万元 ×1%。

通过计算可以得到 D 的具体数值，如果王女士持有这只债券的天数等于 D，其就不需要转购。即使转购也不会增加收益，因为继续持有和转购最终在相同时间里，王女士的 10 万元收益是一样的。如果王女士持有的凭证式国债天数小于算出的天数 D，这时候王女士转购会更加划算，如果王女士持有的凭证式国债天数大于 D，这时候建议王女士还是继续持有较好。

■ 不同期限巧组合

共同期限的凭证式国债收益率，后期发行的可能会高于前期发行的，即利率风险。面对这样的情况，投资人可以考虑将投资资金进行期限组合投资，以降低利率风险。

例如，如果某投资人预期将 18 万元投入凭证式债券，这时投资人可以考虑投资 6 万元购买 1 年期产品，6 万元购买 3 年期产品，6 万元购买 5 年期产品。也可以根据收益率，以及风险性来组合购买，不一定是以平均分配的原则。在资金的比例上，可以适当提高 3 年期的比例。一般来说，3 年期凭证式国债相对来说利率较高，而且期限比较合理。

3．适合稳健型投资人的电子式储蓄国债

电子式储蓄国债是以电子方式记录债券的一种不能够上市流通的债券。这类债券避免了投资人保管纸质债券凭证的麻烦，且债权查询方便简单。电子式储蓄国债的收益率一般高于银行定期存款利率，比较适合对资

金流动性要求不高的稳健型投资人进行投资。在投资这类债券时需要注意以下几个要点。

■ 收益最大化

电子式储蓄国债不同于记账式国债和凭证式国债，它是按年付息的付息方式，电子式储蓄国债通过合理投资方式，使投资收益最大化。例如，如果某投资人购买 80 万元 5 年期的电子式储蓄国债，每年可以得到 4.8 万元的收益。每次到期获得 4.8 万元收益之后，可以将 4.8 万元分别作为 3 年期、2 年期以及 1 年期进行定存，获得定存收益。

■ 不适合短期小额投资

电子式储蓄国债不适合小额资金的短期内投资，因为金额越小，投资人开卡购买短期限的电子储蓄式国债，获得的收益性价比就越低。

例如，某投资人购买 7000 元的一年期电子式储蓄国债。电子式储蓄国债的销售依靠证券、基金系统，所以需要用卡购买。但是投资人只拥有该行的账户，没有银行卡。在开户办卡之后，投资人购买国债，如果卡内余额不足 300 元，每月还需要支付 1 元的小额账户管理费用，加上开户费，每年需要支付 22 元。7000 元的电子式储蓄国债一年收益为 250 元左右，扣除 22 元，实际收益为 228 元，和一年期的定存收益相差不大。同样的情况，如果购买 3 年期限的电子式储蓄国债，每年获利实际收益 350 元左右，跟 1 年期相比，明显收益差别较大。

■ 避免提前兑取

电子式储蓄国债在提前兑取时只可以兑取一部分，以满足部分资金需求。投资人提前兑取需按照本金的 1% 收取手续费（需要投资人注意的是，电子式储蓄国债在付息前 15 个交易日不能提取）。投资人应该尽量避免提前兑取给自己带来的利息损失，在投资之前充分考虑资金用途，再决定是否购买，以及购买的金额，最好是用闲置的资金进行购买。

4. 杨老的国债经历

购买国债是不少的中老年投资人最普遍的投资方式之一，尽管国债的收益率在众多的理财类产品中不是最高的，但是其稳定性却是最好的，所以受到不少投资人的青睐，而年过花甲的退休工人杨老就是这样的一位投资人。

杨老原本是一家工厂的工人，随着自己的年龄越来越大，所以退了下来，开始做一些小生意，生意很好，杨老也存了一些钱。想着子女都有了自己的归宿和发展，自己也不需要有太多的担忧，所以慢慢有投资理财的想法。

杨老不懂股票，另一方面也觉得股票波动起伏太大，不适合自己，总想着能够安安稳稳地获得比银行定存稍高一些的收益就可以了。所以从2006年开始，杨老就陆陆续续地购买国债，不管是记账式、凭证式还是储蓄式都买，10年来投资超过20万元。

其实，生活中有很多类似于杨老这样的中老年投资人，认为国债本金安全稳妥，而且有一定的收益，于是就开始大批量地购买。但是这样的投资没有合理的搭配，很多时候并不划算。

对于杨老的情况，可以将资金进行规划，总资产中60%的资金用来购买国债。其中，20%的资金用来购买1年期，60%的资金用来购买3年期，余下的20%用来购买5年期。1年期的国债时间比较短，可以用短时间之内的闲置资金进行投资，增加收益的同时，也保证了资金的流动性。3年期的国债比例可以稍高一些，3年期的收益率较高，时间长度正好。最后再配置5年期的国债，平衡整个债券组合。

余下 40% 的总资产，杨老可以考虑投资配置保守型的基金组合，如图 3-5 所示。

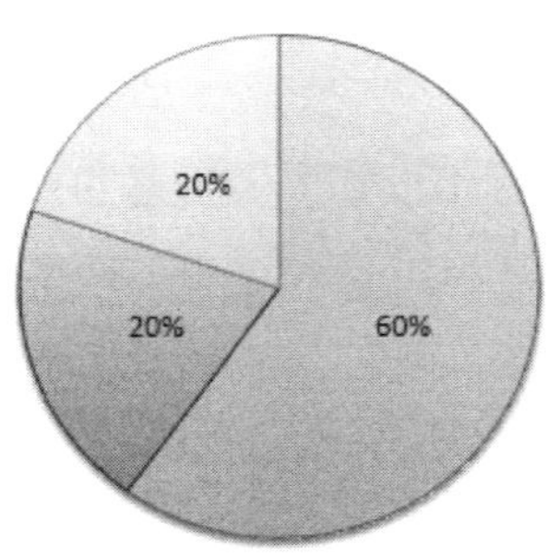

图 3-5　保守型的基金组合

由于杨老是保守型的投资人，整个组合以低风险、稳定为主。配置 20% 的货币型基金、20% 的股票型基金以及 60% 的债券型基金。因为杨老已经年过 60，没有养老保险，生活中难免会遇到紧急用钱的情况，配置 20% 的货币基金，在平衡基金组合风险的同时，也提高了资金的流动性，能够随时存取。在债券型基金的选择时，也会有激进债券型、普通债券型以及纯债基金，根据投资人的投资风格来进行配置就可以了。

3.3 信用最好的金融债券

在银行的债券市场中，除了国家发行的国债之外，对于银行以及非银行的一些金融机构也会发行债券，实现融资，这类债券就是金融债券。

1. 金融债券的分类情况

金融债券是银行及其他金融机构作为筹资主体为筹措资金而面向个人发行的一种有价证券。由于银行等金融机构在国家经济中占有比较特殊的地位，政府对它们的运营有严格的监管，因此金融债券的信用通常高于其他非金融机构债券，违约风险相对较小，具有较高的安全性。所以，金融债券的利率低于一般的企业债券，但高于风险更小的国债。

按照不同的标准，可以将金融债券进行划分，常见的分类方式有以下两种。

■以利息支付方式来划分

根据利息的支付方式，金融债券可分为附息金融债券和贴现金融债券。如果金融债券上附有多期息票，发行人定期支付利息，则成为附息金融债券；如果金融债券是以低于面值的价格贴现发行，到期按面值还本付息，利息为发行价与面值的差额，则成为贴现债券。

例如，票面金额为 1000 元，期限为 1 年的贴现金融债券，发行价格为 900 元，1 年到期支付给投资人 1000 元，那么利息就是 100 元，而实际的年利率就是 11.11%。

■ 从发行条件来划分

根据债券的发行条件，金融债券可以分为普通金融债券和累进利息金融债券。普通金融债券按照面值发行，到期一次还本付息，期限一般 是 1 年、2 年或者 3 年。普通金融债券类似于银行的定期存款，只是利率高一些。

然而，累进利息金融债券的利率是不固定的，在不同的时间段里有不同的利率，并且一年比一年高。也就是说，债券的利率随着债券期限的增加累进。

例如，面值1000元，期限为5年的金融债券，第一年利率为9%，第二年利率为10%，第三年利率为11%，第四年利率为12%，第五年为13%。投资人能够在持有债券期间随时兑付，并且获得规定的利息。

另外，金融债券除了这两种比较常见的划分方式之外，还可以根据是否能够提前赎回，划分为可提前赎回债券和不可提前赎回债券；根据担保情况的不同，划分为信用债券和担保债券；根据期限的长短不同，划分为短期债券、中期债券以及长期债券。

2．金融债券的特点分析

金融债券有效地解决了银行及其他金融机构的资金来源不足和期限不匹配的矛盾。一般来说，银行及其他金融机构的资金有3个来源，即吸收存款、向其他机构借款和发行债券。存款资金的特点之一，是在经济发生动荡的时候，易发生储户争相提款的现象，从而造成资金来源不稳定；向其他商业银行或中央银行借款所得的资金主要是短期资金，而金融机构往往需要进行一些期限较长的投融资，这样就出现了资金来源和资金运用在期限上的矛盾，而发行金融债券比较有效地解决了这个矛盾。

债券在到期之前一般不能提前兑换，只能在市场上转让，从而保证了所筹集资金的稳定性。同时，金融机构发行债券时可以灵活规定期限，比如为了一些长期项目投资，可以发行期限较长的债券。因此，发行金融债券可以使金融机构筹措到稳定且期限灵活的资金，从而有利于优化资产结构，扩大长期投资业务。

金融债券的发行一般针对的是个人和家庭投资人，相比其他的债券来说，比较有利的条件是利息可以免征个人所得税和个人收入调节税。这类金融债券作为债券的一种特殊类型，具有以下特点。

◆ 金融债券表示的是银行及其他金融机构与金融债券持有者之间的债权债务关系。

◆ 金融债券一般不记名、不挂失，但可以抵押和转让。

◆ 我国金融债券的发行对象主要为个人，利息收入可免征个人所得税和个人收入调节税。

◆ 金融债券的利息不计复利，不能提前支取，延期兑付亦不计逾期利息。

◆ 金融债券的利率固定，一般都高于同期储蓄利率。

◆ 我国发行的金融债券所筹集的资金一般都专款专用，如建设银行曾发行的投资债券，其主要用途就是为国家的大、中型建设项目筹措资金。

从金融债券的分类了解到金融债券可以分为普通金融债券、累进利息金融债券、贴现金融债券以及附息金融债券。其中，普通金融债券、累进利息金融债券除了具有金融债券的一般特点之外，还具有自身的一些特点。

■ 普通金融债券

普通金融债券除了一般特点之外，最为突出的特点在于形式上类似于银行储蓄中的定期存款。普通金融债券的预期收益一般要大于定期存款的预期收益，但是由于近几年为有效抑制通货膨胀，实行保值储蓄，所以3年期的普通金融债券收益实际上要低于同期的储蓄利率。

■ 累进利息金融债券

累进利息金融债券的优点在于比较灵活，投资人的持有收益能够有所保障，并且投资的期限越长，相对利息也就越高。这样有利于鼓励投资人对债券进行长期持有。同时，对吸收和稳定社会闲散资金具有积极的意义。

3．投资金融债券的优势分析

金融债券作为一种新兴的债券品种并不像国债那样被人所熟知，风险性低于国债，而收益性又低于企业债券，那么投资人为什么选择金融债券进行投资呢？投资金融债券的优势又是怎样的呢？

■ 收益高于同期定存

首先，金融债券的收益率高于同期银行的定存收益率。目前，在国内的各大商业银行金融债券的收益率为5% ~ 7%不等。而根据金融学中的“72法则”，投资定期存款需要23年的时间，资产才能够翻倍，而投资政策性金融债券只需要10 ~ 14年就可以翻倍。所以可以得出，虽然从短期投资来看，投资定存与投资金融债券差别不大，但是以长期投资的角度来看，金融债券的投资收益要高于定期存款。

■ 风险较低

金融债券的发行机构是国家银行以及金融机构，表面上是以这些银行或金融机构的信用为担保，国家对这类机构会实施严格的监管，所以实质上是以国家的信用为担保的。因此，购买金融债券的风险较低，比较稳定，适合保守型的投资人。

■ 流动性强

投资任何金融产品，除了要衡量它的收益和风险，还需要考虑它的资金流动性。流动性差的金融产品，在一定程度上也就增加了投资风险。而金融债券可以在持有的时间内随时买卖，属于流动性较强的金融理财产品，其能够确保投资人在急需资金的情况下，可以迅速变现。

【提示注意】

“72 法则”，就是“以 1% 的复利来计息，经过 72 年以后，投资人的本金就会变成原来的一倍”。这个公式可以以一推十，例如：利用 5% 年报酬率的投资工具，经过约 14.4 年（72÷5）本金就变成一倍；利用 12% 的投资工具，则要 6 年左右（72÷12），才能让 1 元变成 2 元。

根据金融债券的优势可以看到，金融债券与国债相同，那么投资人对于国债和金融债券应该如何进行区分？如下所示。

- 国债信用最高，国家担保，金融债券的信用仅次于国债。
- 国债是免利息税，而购买一些非金融机构发行的金融债券需要征收营业税。
- 国债的流动性最好，持有者众多，交易方式灵活。金融债券流动性仅次于国债。

金融债券和国债都是风险性较低的金融产品，比较适合保守型的投资人进行投资，以获得稳定收益，增加资产。

4．政策性银行金融债券的认识

现在银行债券市场流通的除了金融债券，还有一种是政策性银行金融债券，又被称为政策性银行债，是我国政策性银行（国家开发银行、中国农业银行和中国进出口银行）为了筹集信贷资金推行的。它的发行一般分为两个阶段：派购和市场化。

■ 派购阶段

这种金融债券为无纸化记账式债券，由中央国债登记结算有限责任公司负责托管登记，各认购人均在中央国债登记有限责任公司开设托管账户，中央国债登记有限责任公司接受政策性银行的委托办理还本付息业务。政策性金融债券基本上每个月发行一次，每月20日为当月的基准发行日（节假日顺延）。

政策性金融债券派购发行的券种，有3年期、5年期、8年期等8个品种，在付息方式上，在1994年度发行过到期一次还本付息的单利债券，从1995年起，开始发行按年付息的附息债券。所发行的3年期的金融债券为固定利率债券，5年期、8年期的金融债券为规避利率风险，从1995年起实行由中国人民银行一年一定的准浮动利率。派购发行的政策性金融债券尚未正式流通，但中国人民银行已批准在货币市场上做抵押回购业务，同时可以作为公开市场业务的工具。

■ **市场化发行阶段**

政策性金融债券的市场化发行，仍然是国家开发银行于1998年9月2日率先推出，中国进出口银行于1999年开始尝试市场化发行业务。以国家开发银行为主的发行主体，按照国际标准结合我国国情设计出多种规范的、便于流通的和发挥市场参照基准的债券创新品种，大大提高市场的流动性，有效地推动了我国银行间债券市场的发展，受到了广大银行间市场成员机构的好评，并受到国内外专业媒体和国外金融机构的关注。

政策性金融债券的市场化发行，推出的券种按期限分为3个月、6个月、1年期、2年期、3年期、5年期、7年期、10年期、20期、30年期。按性质分为浮动利率债券、固定利率债券、投资人选择权债券、发行人选择权债券以及增发债券等。

5．金融债券投资策略分析

通过前文了解到金融债券是风险较低的金融品种，适合保守型的投资人，那么投资金融债券是否是持有到期获得稳定收益就可以呢？答案是否定的。即使低风险的保守投资也要有一定的投资技巧才能够使得投资人的收益最大化。

■ 梯形法投资

所谓的梯形法投资，指的是每隔一段时间在债券市场认购一批相同期限的债券，每一段市价都如此，接连不断。坚持投资之后，投资人在以后的每段时间就可以稳定地获得一笔本息收入，投资的方法有点类似于基金定期定额投资。

例如，投资人可以将资金分成 3 份，将三分之一的资金购买 1 年期债券，三分之一的资金购买 2 年期债券，最后三分之一的资金购买 3 年期债券。这样分批入场的方式，可以避免利率差带来的利率风险，也能够兼顾收益与资金的流动性。这里以一个案例来具体介绍。

张女士拥有本金 6 万元，想用来投资金融债券。某金融债券 1 年期利率为 5%，2 年期为 6%，3 年期为 7%。如果此时张女士将资金全部投入 3 年期的金融债券，那么张女士的收益为：60000×7%×3=12600 元。这种投资明显是收益最高的投资法，但弊端是 3 年内这笔资金被限制在债券上，提前支取会影响收益。

此时，可以考虑运用梯形法来进行投资，用 2 万元来投资 1 年期债券，2 万元投资 2 年期债券，最后 2 万元投资 3 年期债券。这样投资收益计算为：20000×5%+20000×6%×2+20000×7%×3=7600 元。收益虽然比第一种投资要少，但是每年都能够有现金流，而且到期后的利息可以进行再投资，增加收益。

梯形投资不是收益最高的投资法，却是资金流动性较高的投资法，比较适合存款不多，平时有资金需求的投资人。但是如果投资人拥有的是闲置资金，就可以不用考虑梯形投资法。

■ 利率策略法

通过利率预测进行投资是投资中比较常见的方法，利率市场化预期上升，而利率的上升导致债券在某一时点现值下降，此时投资优选短期债券，因为短期债券对利率波动敏感性较小。债券的现值公式计算如下所示。

P=[C/（1+r）]+[C/（1+r）（1+r）]+[C/（1+r）…（1+r）+[F/（1+r）…（1+r）]

其中，P 为债券的现值，C 为债息，r 为债券利率，F 为债券价格。

由公式可以看出，当投资人购买债券的期限越短，债券受到限制的影响也就越低，从而投资人受到的影响也就越小。

总而言之，金融债券作为债券市场中的一个重要投资品种，具有收益高以及低风险的投资优势，只要投资人采取适合的投资策略，例如梯形投资法以及利弊策略投资法，就能够有效地帮助投资人规避投资风险，提高投资收益。

企业债券投资

认识可转换债券

可转换债券的投资

积极型债券投资——企业债与可转换债

对于债券市场中的一些投资人来说，保本稳利的国债与金融债券无法满足他们对收益的追求，所以他们将投资的目光投向了风险稍高的企业债券和可转换债券。

4.1 走进企业债券投资

企业债券与国债、金融债券相比风险是最高的。相对地，企业债券的收益也是最高的，能够充分满足债券投资人对高收益的投资追求。

1．企业债券是怎样的

企业债券通常又被称为公司债券，是企业依照法定程序发行，按照约定在一定的时间期限之内还本付息的债券。企业债券按照记名方式可以分为记名债券和不记名债券。

如果企业债券上登记有债券持有人的姓名，投资人领取利息时需要凭印章或者其他有效身份证明，转让时要在债券上签名，同时还要到发行公司登记，那么它就是记名企业债券。反之，则为不记名债券。

企业债券的主要特点如下。

- **风险大：**企业债券的还款来源是企业的经营利润，但是任何一家企业的未来经营都存在很大的不确定因素，因此企业债券持有人承担着损失利息，甚至是本金的风险性。
- **收益高：**在投资中，收益与风险是成正比的，要求较高风险的企业所提供给债券持有人的收益也较高。
- **优先权：**因为企业债券反映的是债权债务关系，所以对企业没有经营权，但是股东可以优先享有索取利息和优先要求补偿以及分配剩余资产的权利。

◆ **选择权**：对于某些债券而言，发行者与持有人可以相互给予一定选择权。

其中，选择权和优先权都是企业债券相较于其他债券具有的独特特点。这里的选择权是指有的企业会给予投资人一定的选择权，在持有期间由企业赎回或者继续持有债券。

2. 掌握企业债券的交易情况

在上海证券交易所（以下简称“上交所”）买卖企业债券时，可以通过两种方式进行购买：发行时认购和公司债券上市后交易。

■ 发行时认购

目前，企业债券主要采用网上发行的方式，通过上交所竞价系统面向社会公共投资人公开发行部分债券。证券账户持有人可以在企业债券发行日按照“时间优先”的原则认购企业债券 ，认购成功后，上交所竞价交易系统将实时确认成交。

■ 公司债券上市后交易

投资人可以通过上交所竞价交易系统买入、卖出企业债券。投资人从事企业债券现券交易按证券账户进行申报，实行净价交易，全价结算。

投资人在上交所进行企业债券现货买卖，需要选定一家证券经营机构，并且签订《指定交易协议书》后，方可办理委托买卖手续。然后投资人通过证券经营机构可选择现场委托、电话委托或者网上委托的方式进行企业债券的现货交易。

值得投资人注意的是，企业债券可以进行回转交易，就是当日买入的债券可以在当日卖出。

投资公司债券既要有所收益，又要控制投资风险，所以根据企业债券的特点与投资原则来进行投资，以便降低投资风险。

◆ 收益原则

不同种类的公司债券收益也不同，投资人需要根据实际情况进行选择。例如根据企业债券的信用评级来进行判断，信用评级高的企业债券比信用评级低的债券风险要低一些，更加安全，但是收益也相对要低一些。

◆ 流动性原则

企业债券的流动性较强就意味着能够以较快的速度将企业债券转换成货币，同时货币价值不受影响，反之则表明企业债券的流动性差。不同企业之间的企业债券的流动性也不同，而影响企业债券流动性的因素主要是期限。期限越长，流动性越弱；期限越短，流动性越强。

投资人在选择企业债券进行投资时应该考虑债券流动性问题，一般来说，信用优良的企业发行的债券流动性较强。相反的，规模稍小、经营稍差的企业发行的债券，流动性要差一些。

◆ 安全性原则

投资人在进行任何投资时都需要考虑安全性问题，而在企业债券投资中，由于其经济环境、经营状况以及债券发行人的信用等级等情况都不是一成不变的，所以它的风险性更高一些。因此，投资人投资企业债券时，还应该考虑不同企业债券的安全性。

3．新手如何进行企业债券的策略选择

企业债券也存在一些投资技巧可以帮助投资人规避投资风险，增加投资人收益。下面来具体介绍企业债券的一些投资技巧。

■ 根据实际情况选择性投资

投资人在投资企业债券时，常常对企业的情况并不了解，把握性不高。这时候可以通过试探性投资的方法，尝试性地进行购买。投入部分资金，以一定期限来观察企业的运营情况以及信用情况。一般来说，短时间内的企业情况存在一定的偶然性，考察期的时长在能够接受的范围内尽量放长。如此，即便投资人遇到投资风险，遭受的损失也不至于太严重。

经过考察选择好企业债券后，就需要选择合适的时机与价位进行投资。时机指的是投资人买进或者卖出的最佳时间，价位是指以什么样的价位买进比较划算，收益达到最佳。

投资人投资时都希望能够避免投资风险，而如果将所有的资产都集中投向某一只企业债券，无疑增加了投资的风险程度。因此，有必要采用分散投资的方法，将资金分散投资于中、长、短期债券的方法，降低风险，增加收益。但是，投资人也需要注意，投资不要过度分散，否则会得不偿失。

■ 趋势投资计划策略

投资人根据每天债券市场上各种企业债券价格变动的情形，以及债市公告进行记录、整理，从中分析出企业债券市场的变化趋势。通过长期观察可以发现某种企业债券交易价格过去和将来的变动趋势，以此来决定是买进还是卖出企业债券，一般是逢高出，逢低买。

■ 撒网式投资策略

撒网式投资策略指的是投资人买进多种企业债券，当某只企业债券的价格上涨时就出售，以上涨部分补偿下降的部分，争取收益。或者投资人买入多只企业债券，当某些企业债券价格不变或者下降时就出售，当某些企业债券的价格上升时就买进，使投资人持有发展较强的优质企业债券。

除了以上方法之外，还有等级投资计划策略。先确定好债券的等级幅度，然后按照等级进行分段买入，分为平均高和平均低两种方式。其实，这几种投资策略在企业债券投资中都是比较常用的投资方法。

4．怎么选择优质的企业债券投资品种

在选择企业债券进行投资之前，投资人需要做一些准备性的工作。对有投资意向的某只企业债券做具体的了解。首先从几个方面来考察该企业债券的信用风险程度，从而选择出优质的投资品种。

■ 发行方的资信程度

发行企业资信程度关系到债券到期后能否如约兑付本息，所以投资人在投资之前考察企业的资信就显得尤为重要。考察发行债券企业的资信度可以从 3 个方面进行：一是看发行人的整体实力，发行企业是否属于国家支柱产业或者重点产业；二是看担保人的实力，考虑其日后是否能够保证兑付；三是看发行企业的效益，以及发行企业是否具有较强的市场竞争力。同时，这 3 个方面的考察可以借助债券的评级。

债券的评级往往越高，相对地债券的安全性也就越强，一般评级在 AA 及以上的债券，安全性较好。但是，投资人需要注意的是评级不是固定不变的，如果该企业出现经营不善的情况，其企业债券的评级也会随之下调，债券的净价也会下降。所以投资人需要时刻关注自己的企业债券评级情况，评级下调的企业债券应尽量回避。

■ 流通性强

企业债券有上市和不上市两种。上市债券可以通过交易所挂牌交易，通过出售债券来变现，也可以利用市场价格波动因素做差价获利。然而不上市的债券不能上市流通，只能够通过到期兑付本息。具备债券上市投资技巧，对资金流动性较高的投资人可以优先投资上市企业的企业债券，以

达到盘活资金，实现资金增值的最大化。

■ 收益水平情况

债券的实际收益水平高低是投资人选择债券的重要参考因素之一。投资人需要尽量选择利率保值系数高的债券。我国规定国债利息收入免税，企业债券的利息收入应按有关规定纳税。投资人投资企业债券所获取的利息收入，属于投资人的证券投资收入，在没有特殊的减免税收规定时，均须按章纳税。另外，在较高通货膨胀的环境下，应选择那些含有保值贴补的企业债券（因为高通胀会使债券的本息贬值），规避市场风险。

■ 抵押担保情况

抵押担保也是一个重要的债券选择因素，一般而言，有抵押的债券安全系数相比无抵押的债券要高一些，如果投资人投资遭受损失也不至于本金全无。在有抵押的情况下，投资人可以细心查看抵押物的质量，有的抵押物毫无价值，甚至还有两只债券相互担保抵押的情况。上市公司发行有担保债券，由商业银行等金融机构作担保。

5．学会控制企业债券投资风险

为了提高债券的投资效益，投资人应该尽量避免或减少投资风险可能带来的损失。通过对企业债券的了解，发现企业债券的投资风险主要有以下几个方面。

■ 违约风险

企业债券的发行门槛较低，发行企业的质量参差不齐，并且发债企业的范围广大，所以在很大程度上造成企业债券的信用风险增加。虽然国家为了保护投资人的利益，对企业发行债券的条件、数额、时间、期限以及利率等方面作出了具体的规定，但是一旦发行债券的公司破产，企业债券投资人就存在无法收回本金的可能性。因此，企业债券的违约风险较大。

另外，债券的评级不准确。随着企业债券发行的市场化，发债企业所处行业状况以及信用差异对信用评级机构的评级水平提出了更高的要求。各大门户网站的评级情况不尽相同，同一企业，国内评级机构普遍比国际评级机构高。

■ 流动性风险

企业债券的流动性风险，表现在当投资人出现急于将手中的企业债券转让出去时，就不得不对所持企业债券的价格大打折扣或者支付一部分佣金，结果往往导致收益变化较大，造成流动性风险。

■ 利率风险

债券投资的价格不是固定的，会随着市场利率的变动而变动，因此债券的投资人会存在利率的风险。由于利率风险是利率变动而使投资人遭受损失的风险，所以债券到期的时间越长，市场利率变化的可能性就越大，从而利率风险也就越大。但是投资人需要明白的是，债券的利率风险既不可忽视，也不可避免。无论是投资政府债券还是金融债券，这种风险都是存在的，所以企业债券也不例外。

企业债券的投资风险高于国债和金融债券，所以投资人在投资企业债券时更应该保持一种谨慎的态度，并且采取某种办法对企业债券的投资风险进行一定的控制。控制企业债券风险的方法有很多，这里以分散法为例来具体介绍。

根据风险分散的原则，将投资人投资的资本进行组合投资，其收益是这些债券收益的加权平均数。投资人可以通过多种分散方式来降低企业投资的风险性，如图 4-1 所示。

期限分散
投资人将企业债券的投资分散到不同期限上，从而使得债券的到期日和获息日分散，在一定程度上降低债券的收益风险

区域分散
投资人将投资资本分别投资到不同地区的企业债券中，这样可以避免某一地区经济衰退造成投资人的损失

第三点
投资人持有的企业债券应该由多个行业的债券组合而成，尽量避免投资集中在某一行业，从而降低企业债券风险

图 4-1 企业债券投资的风险分散方式

4.2 具有债性和股性的可转换债券

可转换债券是债券投资的一种，由于可以转换为债券发行公司的股票，并且通常具有较低的票面利率，所以相比其他的债券品种，可转换债券更受到年轻投资者的喜爱。

1. 对可转换债券的初印象

可转换债券，全称为可转换公司债券，是公司债券的一种。在特定的时间内，按照特定的条件能够转换为普通股股票。所以，可转换债券具有债券和股票的双重特性，具体如下所示。

- **债权性：**与债券一样，可转换债券也有规定的利率和期限。投资人可以选择将债券持有至到期，收取本金和利息。
- **股权性：**可转换债券在转换成股票之前是纯粹的债券，但是在转换成股票之后，原债券持有人就由债权人变成了公司的股东，可参与企业的经营决策与红利分配。

◆ **可转换性：** 可转化性是可转换债券的重要特性，债券持有人可以根据约定的条件将债券转换成股票。转股权是投资人享有的，一般债券没有的选择权。可转换债券在发行初期就明确约定债券持有人能够按照发行时约定的价格将债券转换成公司的普通股股票。但是，如果债券持有人不想转换，则可以继续持有债券，直到偿还期满时收取本金和利息，或者在流通市场出售变现。

可转换债券的投资人还享有将债券回售给发行人的权利。一些可转换债券附有回售条款，规定当公司股票的市场价格持续低于转股价（即按约定可转换债券转换成股票的价格）达到一定幅度时，债券持有人可以把债券按约定条件售给债券发行人。

另外，可转换债券的发行人拥有强制赎回债券的权利。一些可转换债券在发行时附有强制赎回条款，规定在一定时期内，若公司股票的市场价格高于转股价达到一定幅度并持续一段时间时，发行人可按约定条件强制赎回债券。

由于可转换债券附有一般债券所没有的选择权，因此可转换债券利率一般低于普通公司债券利率，企业发行可转换债券有助于降低其筹资成本。但可转换债券在一定条件下，可转换成公司股票，因而会影响到公司的所有权。

2．可转换债券的交易流程

可转换债券转换成股票，需要经历一定的程序，那么转换之后的价格以及利息等又该如何来进行计算呢？

投资人在操作可转换债券转股之前，需要满足一定的转换条件和注意事项，具体如图 4-2 所示。

1 可转换债券要在转股期内才能转股。现在市场上交易的可转换债券转股期一般是在可转换债券发行结束之日起6个月后至可转换债券到期日为止，期间任何一个交易日都可转股

2 可转换债券转股不需任何费用，所以投资人的账户没有必要为转股准备多余的资金

3 可转换债券一般都有提前赎回条款。当公司发出赎回公告之后，要及时转出或者卖出可转换债券，否则可能会遭受巨大的损失

4 申请转股的可转换债券总面值必须是1000元的整数倍。申请转股最后得到的股份为整数股，当尾数不足1股时，公司将在转股日后的5个交易日内以现金兑付。兑付金额为小数点后的股数乘以转股价

图 4-2　可转换债券的转股条件

可转换债券的转股需要一定的程序，当发行主体自身的普通股上市之后，可以申请转债。这里以深交所交易系统的可转换债券为例来介绍可转换债券的转股过程，如图 4-3 所示。

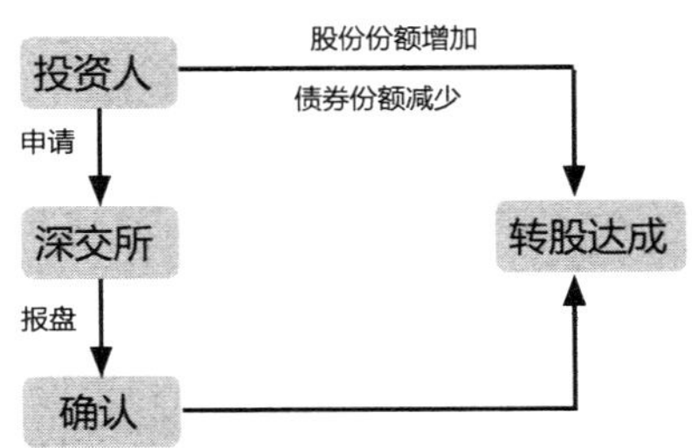

图 4-3　可转换债券转股流程图

投资人首先将自己账户上持有的可转换债券全部或部分申请转换为公司的股票，如果投资人申请转股的可转换债券数额大于投资人实际拥有的可转换数额，交易所按照其实际拥有的可转换债券数额进行转股，剩余部分自动取消。

然后投资人再提出转股申请，申请通过交易所交易系统以交易申报的

方式进行。一般在转股申请时，不能够突然撤销申请，如果投资人账户余额不足，一般会给予现金兑换，转股的最小单位为1股，转股后的下一个交易日可以上市交易。

转股申请的时间一般为公司股票上市日至可转换债券到期日，但公司股票因送红股、增发新股以及配股而调整转股价格公告暂停转股的时期除外。即日买进的可转换债券当期可申请转股，当日转股的股票将在第二个交易日自动计入投资人账户内，并且可以在该日卖出。

可转换债券上市交易期间，未转换的单在可转换公司债券数量少于3000万元时，交易所将立即给予公告，并于3个交易日后停止其交易。可转换债券在停止交易后、转换期结束前，投资人仍然可以依据约定的条件申请转股。

发行人因为增发新股、配股以及分红派息而调整转股价格时，交易所停止该可转换公司债券转股，停止转股的时间由发行人与交易所商定，最长不能超过15个工作日，同时交易所还依据公告信息对其转股价格进行调整，并于股权登记日的下一个交易日恢复转股。恢复转股之后采用调整后的转股价格。

投资人需要注意的是，可转换债券实行T+0交易，即当天买入的转债可当天卖出；当天买入的转债，当天就可在收市前转股（注意：由于券商的设置可能会显示可转股数量为0，这时照样输入要转股的数量，一般是可以成功的）。转股后的当天晚上9点以后或第二天早上，转债消失，出现可转换债券的正股，并且股票第二天（T+1日）就可卖出。

【提示注意】

有的券商在投资人委托转股后，仍可继续卖出转债，当收市后若投资人的转债没有卖出或只是部分卖出，则剩余的仍可自动转股。

3. 三大条款是怎样的

在可转换债券投资中，对投资人的专业水平有一定的要求，需要投资人对股票以及债券有相关知识的储备。但是可转换债券的风险和收益往往更符合大多数投资人对于投资的理想化追求。希望可以在行情较好、上涨的情况下，自己的资本随之增长；相反，在行情不好、下跌时，资本能够保本或者损失尽量最低。可转换债券能够在牛市的情况下，随股票上涨，也能够在熊市中，持有到期保障资本安全。

在股票行情处于熊市时，可转换债券的优势能够清晰地显示出来。第一，股票的估值本身较低，这个时候发行可转换债券，转股价也低。对于投资人来说，只要未来出现牛市，就会有可观的投资收益，即使熊市延续，风险也基本不存在。第二，熊市的时候，如果股价在发行可转换债券后下跌，上市公司往往会为了避免回售，不断下调转股价，同样一份可转换债券可以转换更多的股票，实际上增加了可转换债券的期权价值。

尽管可转换债券具有“进可攻，退可守”的投资特性，但是投资人也不能够盲目进行购买。在购买可转换债券的过程中，有三大条款是投资人不容忽略的。

■ 回售条款

当股市低迷时，大多数的可转换债券正股往往低于其转股价，在这样的情况下投资人转股的可能性较小，此时保护投资人利益的是其所附带的回售条款。回售条款中明确约定，在可转换债券回售期内，当回售的条件满足时，投资人有权以一定的价格将部分或者全部未转股的可转换债券回售给相关上市公司。对回售条款的内容，通常的表述如下。

在某个时间段内，如果公司股票收盘价连续 20 或 30 个交易日低于当期转股价格的 20% 或 30%，可转换债券持有人有权将其持有的可转换债券按面值的104%或105%（含当期计息年度利息）回售给本公司。

根据表述内容，有几个变量需要引起投资人的注意。首先是连续低于转股价的时间，这个时间越短越容易满足，当然也就越好；然后是低于转股价格的幅度，低于20%肯定要比低于30%更容易满足条件，也就越能够吸引投资人；最后是定价，105%肯定要比104%的要划算一些，比例越高投资人得到的收益也就越高。

除了以上3个变量之外，还有一个变量是可行使回售条款的时间，大部分条款规定是在“可转换债券转股期限内”，但是有的债券则规定是在最后一年或者最后两年。这也说明无论可转换债券的转股价如何下跌都没有意义，要在未来的3年或者4年才有权利按面值加利息收回本金。所以，由于时间上对这类可转换债券的不利情况，使得它们虽然跌破面值，但是仍然无人问津。

【提示注意】

投资人需要注意的是，回售权每年只能够行使一次。当满足回售条件时，首次不实施回售的，当年不应再行使回售权。另外，每只可转换债券的回收期不同，最早的也要从发行后6个月开始，有的可转换债券要存续期最后一年才开始。

■ 赎回条款

当正股的价格连续多个交易日超过转股价一定百分比之后，相关公司就有权赎回全部或者部分的可转换债券，如果投资人不及时把可转换债券转成股票，那么将面临可转换债券被上市公司低价赎回的风险。

因此，投资人可以将赎回条款视为可转换债券的上限值，当可转换债券达到上限值，风险收益与其正股接近，此时低风险的投资人可以选择抛出或者转股出售。下面以深圳机场可转换债券为例来进行详细的介绍。

深圳可转换债券说明书中“有条件赎回条款”的内容如下。

在本可转换债券转股期内，如果本公司股票任意连续30个交易日中至少有20个交易日的收盘价不低于当期转股价格的130%（含130%），本公司有权按照债券面值的103%（含当期计息年度利息）的赎回价格赎回全部或部分未转股的可转换债券。

任一计息年度本公司在赎回条件首次满足后可以进行赎回，首次不实施赎回的，该计息年度不应再行使赎回权。

若在上述交易日内发生过转股价格调整的情形，则在调整前的交易日按调整前的转股价格和收盘价格计算，在调整后的交易日按调整后的转股价格和收盘价格计算。

例如，深圳机场可转换债券的约定转股价是5.66元，假设在进入转股期后，深圳机场的股价如果30个交易日中有20个以上的交易日超过了7.358元（5.66×130%）。那么，公司就有权按照债券面值赎回价格的103%赎回部分或者全部未转股的可转换债券。

也就是说，当深圳机场的股价30天里有20天（特指交易日）超过了7.36元，无论是7.4元还是8元、9元、10元，还是中间有一两天低于7.35元，只要满足条件，那么就触发了“强制赎回条款”。上市公司会马上发布公告，提醒投资者尽快转股，否则过了这个约定的强制赎回期，交易系统会自动把没有转股的可转换债券以103元的价格买回来。

■ 转股价修正条款

可转换债券的转股价可以修正，当其正股进行配股、增发和送股时，转股价都要进行相应的调整。另外，部分的可转换债券还规定其正股分红时，也向下相应修正转股价。向下修正条款，可以在正股低迷时修正转股价，以使可转换债券避免满足回售条件。

拟发行可转换债券的公司大都设定了转股价格向下修正条款，向下修正的幅度等同于满足向下修正条款启动时的股价下跌幅度。一般设定条款为连续30个（或20个）交易日股价均低于转股价的80%（70%或75%）时，发行人有权将转股价向下调整相应幅度，以确保可转换债券转换价值的保值。

在发行可转换债券后，预期股份供给的增大将导致股价下跌，但也不能排除随着募集资金投入项目的启动使股价大幅上涨的可能，为减少股份扩容力度，少数发行人设定了转股价向上修正条款。

除了3大条款之外，投资人也需要对可转换债券的投资风险有所了解。虽然可转换债券基本是风险较低的投资品种，但是对于投资人来说仍然有一些无法忽视的投资风险需要注意，具体如下。

- **赎回风险：**在触发赎回条款之前，说明此时可转换债券的二级市场交易价格较高，这时候投资人有必要卖掉可转换债券或者主动换股。如果被上市公司强制赎回，那么由于赎回的价格较低，会给投资人带来较大的损失。
- **转股风险：**有的上市公司将可转换债券作为一种低成本的融资工具，并没有充分的转股驱动。如果此时投资人长期持有可转换债券可能收益率较低。尤其是一些高价买入对转股有高期待的投资人，可能遭受较大的损失。
- **信用风险：**信用风险是债券中不可避免的风险之一。可转换债券作为债券的一个品种也存在信用风险，投资人在投资初期为了避免这种风险所带来的损失，需要对上市公司有一定的了解。

在了解相关的风险性之后，投资人可以根据风险来制定不同的风险防范措施，毕竟在一个相对安全的环境中投资，投资人才能够更加放心。

4．可转换债券转股的最佳时机怎么确定

可转换债券既然可以转换成股票，那么对于投资人而言，选择转股的时机成了可转换债券投资的关键。具体的时机选择如下。

- 当股市形势看好，可转换债券随二级市场的价格上升到超出其原有的成本价时，投资人可以卖出可转换债券，直接获得收益。
- 当股市低迷时，可转换债券和其发行公司的股票都呈下跌趋势，卖出可转换债券或者将可转换债券转换为股票都不划算。此时，投资人可以选择将可转换债券作为债券继续持有，获取到期的固定利息收益。
- 当股市由弱转强，或发行可转换债券的公司业绩看好时，预测公司股票价格会呈现较大程度的上升时，投资人可以将债券按照发行公司规定的转换价格转换成公司股票。

由于可转换债券和正股的价格都是波动变化的，所以要确定可转换债券是否值得转股，投资人需要进行一些简单的计算。可转换债券的转股价计算如下所示。

可转换债券转股价＝正股价格 ÷ 可转换债券转股价格

例如，陈女士购买的某只可转换债券的转股价为 3.14 元，该债券的正股价格为（5.570，−0.02，−0.36%），在 2015 年 3 月 10 日的收盘价为 3.69 元。所以其转股价为：3.69÷3.14 ≈ 1.1752 元，高于该只可转换债券的收盘价 117.12 元。此时，可转换债券出现折价。

如果可转换债券的折价程度较大，便会出现套利空间，投资人可以低价买入可转换债券，并且在转股之后抛出。因此，在套利的作用下，进入转股期的可转换债券价格往往会高于其转股价，高出的部分为转股权利的期权价格。在可转换债券正股高于转股价并且不断上涨时，可转换债券的价格也不断上涨，这时投资人便可获利。

在可转换债券的运行过程中，经常会出现其正股价格低于转股价格的情况，此时，投资人继续转股也无法获得收益，所以投资人可以继续持有可转换债券，到期获得公司还本付息收益。

4.3 可转换债券的技巧性投资选择

投资都需要有一定的策略，可转换债券也不例外。投资人可以根据债券发行公司的偿债能力、行业地位、发展战略以及财务情况等综合因素来对债券未来业绩和现金流做出预测，从而选择出可以投资的可转换债券品种。

1. 根据可转换债券的面值购买

在可转换债券的投资中，也分为 3 种类型的投资人：一种是稳健型投资人，这类投资人投资于市价接近债券本身的可转换债券，从而能在有效控制投资风险的前提下获取稳定的收益；第二种是进取型投资人，这类投资人将资本投资于基本面较好、具有成长型及转股价修正条件优惠的可转换债券，在风险相对较低的情况下获得不低于基准股票的投资收益；第三种是寻找套利机会的投机类投资人，这类投资人明白市场存在一定的无效性，当处于转股期内的可转换债券市价低于转股价格时进行套利操作从而获得收益。对于稳健型投资人而言，为了保障投资的低风险性，可以根据可转换债券的面值进行购买。

目前，国内的可转换债券面值基本是 100 元，所以投资人在 105 元以内购买可转换债券，可以将最大亏损率控制在 10% 的范围内。如果投资人购买可转换债券的价格超出100元太多，那么就和买股票的风险差不多，可能会使投资遭受较大损失。因为，此时的可转换债券股性大于债性，所以风险变大。

例如，张女士退休以后一直赋闲在家，工作了一辈子的张女士对于突然空下来的时间有点无所适从。在朋友的介绍下，张女士开始尝试投资，由于没有任何投资经验，对于基金、债券以及股票了解并不多，所以迟迟不知道该投资什么，如何去购买。

后来张女士在朋友间的聚会中，听到朋友说债券比较安全，风险较低，收益也比较稳定，然后张女士便开始了投资。张女士以120元的价格购买了某只可转换债券，起初债券涨势良好，最高价到150元。之后，债券开始进入下跌，最后跌至102元，跌幅达到了32%。而此时的张女士，跌幅在15%。如果张女士在债券面值附近购买债券，例如以105的价格购买，即使跌至102元，此时的跌幅也仅在3%左右，损失较低。

2. 可转换债券的选择

在面值附近买入可转换债券，可以保障投资人的资本不会发生较大程度的亏损，但是对于追求较高收益的投资人来说，想要获得较高的收益还是需要选择成长性好的债券。这里的成长性好，指的是上市公司的成长性较好，从而公司股票价格上涨可能性较大，那么可转换债券也能够随之保持同步上涨。

另外，在此基础上投资人应尽量选择购买条件设计优厚的可转换债券。条件优厚主要表现在利率、转股价格修正条款以及转股价格特别修正条款等因素上。

不同的债券，利率是不同的。有的债券设计了利息补偿条款，有的利率则随着存款利率的上调而调整，这样利率的债券能够在一定程度上规避利率风险，比固定利率的债券要好一些。

有的债券在转股价格修正条款上也存在一定的优厚条件。例如，有的可转换债券条款规定公司的股票现金分红将向下修正转股价，这样的转债就是变相地享受了现金分红。

另外，尽管所有可转换债券都有转股价格特别修正条款规定，但具体条款则有很大的不同。有的规定更容易触发修正条件，对持有者更有利。因此，仔细甄别可转换债券的发行条款，是可转换债券投资人必做的功课。所以，投资人在进行购买可转换债券时，可以多方面地考量优厚条件。

3．债券的不同溢价程度

可转换债券在不同的价位下会显示出不同的特性，所以针对这一情况，投资人应该有不同的投资策略。

■ 债券溢价低于 15%

当债券溢价低于 15% 时，可转换债券属于低价位。这时候的可转换债券的债性大于股性，债券比较稳定，下跌的空间比较小，投资风险较小。此时，投资人可以进行中长期的持有投资，能够获得比较稳定的收益，也有可能收获股市上涨时的收益。

■ 债券溢价在 15% ~ 30% 之间

当可转换债券的溢价在 15% ~ 30% 之间时，属于中价位的可转换债券。此时，可转换债券的债性与股性比较适中，其转换价值比起市价要低。所以，在股市上涨的情况下，获取收益相对要慢一些，但是在股市下跌时，投资人的损失也会小很多。投资人在对这类的可转化债券进行投资时可以更多地关注转换溢价率相对较低，而基准股票的波动性又较高的一些可转换债券，然后进行投资。

■ 债券溢价在 30% 以上

债券溢价在 30% 以上的属于高价位的可转换债券，此时可转换债券的股性大于债性。投资人需要注意的是这类可转换债券下跌的空间较大，风险较大。但如果投资人在看好某只可转换债券后期发展的情况下，则可以投资。因为可转换债券的手续费远远低于股票交易，大幅度降低了投资人的成本。另外，可转换债券在中长期持有的情况下，还能够获得一定的利息收入。如果遭遇股市下跌，进入熊市，可转换债券的自我防守功能也能为投资人在一定程度上降低损失。

4．可转换债券的套利分析

可转换债券的套利指的是通过可转换债券与相关的基础股票之间定价的无效率性进行的无风险获利行为。可转换的套利交易不一定要在可转换期内进行，只要有卖空机制和存在机会，在不同转换期同样可以锁定收益进行无风险套利。

无风险套利的一个必要条件是市场要有卖空机制，在牛市或者平衡市场下，股票上涨时，可转换债券的涨幅程度不如股票，套利的机会将出现；熊市下，可转换债券跌幅不如股票，套利机会很少，甚至是没有套利的机会。

在市场没有卖空机制的情形下套利是有风险的，有风险的套利指的是投资人借助可转换债券的一些性质，判断可转换债券是否处于低谷或者风险收益不平衡，从而决定可转换债券是买入还是卖出。这样的投资类似于低吸高抛，当然有风险的套利对于投资人的投资技巧和市场判断的准确性要求较高。否则，稍有不慎，套利有可能会变成被套牢。

目前的国内市场，投资人一般在申请转股后的第二个交易日，将债券转换成股票后才可以上市流通。而处于转股期的转债套利空间一般较小，股价处于第二个交易日又具有一定的不确定性，所以在没有卖空机制的条件下，通过买入可转换债券转股后第二天再卖出股票套利的操作不确定性较大，没有意义。

投资人首先需要持有一定数量的股票和现金，当市场出现套利机会的时候，套利者卖出股票，同时买入相应数量的可转换债券并同时申请转股。第二个交易日套利者的持仓结构中，现金将增加。而现金增加的部分即为套利的收益，但是套利者也必须承担持股的风险。下面以一个理想的例子来进行介绍。

例如，协议规定一张某可转换债券可以换 10 股某股票，但大多数的股票投资人并不熟悉可转换债券，此时股票被更多的投资人购买，当前股票价格为 13 元。可转换债券购买的人较少，价格是 120 元，此时投资人可以将持有的 100 股按照 13 元卖出，得到 1300 元现金。买入 10 张可转换债券支付 1200 元，此时还剩下 100 元，然后根据 10 张可转换债券向公司申请换 100 股股票，也可以继续持有不变的股票或还给券商，整个套利结束。

5．中老年人的养老金计划

可转换债券虽然投资风险高于国债、金融债券以及企业债券等，但正是由于可转换债券的转换优势吸引了众多的投资人参与其中，既可以将其作为债券收取固定收益，也可以将其转换成股票获得高收益。

张老师今年 40 岁，是一所重点中学的老师，每月收入有 4000 元。虽然教师的职业比较稳定，但是张老师觉得按照目前养老保险金的缴纳水平，并不能够保障退休以后的生活质量。所以张老师想到了投资理财，让自己的资产得到增值。

张老师经过一番了解发现，目前银行的利率太低，一味地强调低风险反而让资金起不到增值的作用，张老师最终决定将资金投向货币市场和债券市场。货币市场的低风险性，能够保障资金的安全，而债券市场浮动的收益更加能够满足张老师对于预期收益的追求。同时，无论是货币市场，还是债券市场的投资，收益都高于银行存款。所以，张老师将自己资金中的 40% 购买货币基金，60% 的资金购买国债。

根据张老师购买的理财产品可以看出，其购买的产品多数属于保守型投资产品，风险虽然不大，但是收益也并不高。所以，张老师可以在自己的投资组合之中加入中长期、风险稍高的投资产品。

在目前股市转好的情况下，可以考虑将资产投资于可转换债券。这是一种比较可靠的投资品种，可转换债券的收益上不封顶，市场上很多的收益能够达到 20% 以上，而风险却是有限的。加入了可转换债券之后，配置出新的投资组合比例，如图 4-4 所示。

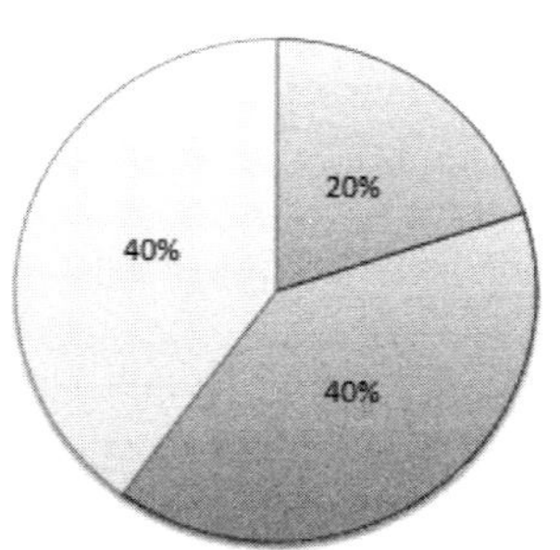

图 4-4　投资组合比例

因为张老师的投资组合是以养老金为目的，所以整个投资组合仍然以稳定为主。40% 的货币基金和 20% 的国债使得整个组合保持在一个较低风险的范围内。同时，40% 的货币基金保持不变，保障资金的流动性，然后配置 40% 的可转换债券，以便获得超预期收益。

对于可转换债券，可以选择购买面值附近的投资品种，可转换债券是一项中长期投资，可以将它看作储蓄的一种。但是需要投资人有足够的耐心，可转换债券长期不涨是一种比较正常的现象，所以此时更需要坚持。毕竟，可转换债券更像是一个没有风险的投资，涨了得到高收益，跌了就持有到期收取利息。例如，吉视转债（113007），如图 4-5 所示为该可转换债券信息。

发行额(亿元)	17.00	发行价(元)	100.00	期限(年)	6
每年付息	9.05	转换期间	2015.03.06-2020.09.05	到期日	2020-09-05
初始转股价(元)	12.0800	最新转股价(元)	12.03	转股比例(%)	NaN
转股价值(元)	NaN	转股溢价率(%)	NaN	纯债价格(元)	NaN

图 4-5　吉视转债信息

该债券在 2016 年 8 月 18 日的现价为 100.18 元，在上涨的情况下可以得到较高的收益。即使下跌，投资人也可以得到每年 9.05% 的利息，所以投资可转换债券更适合张老师的养老金计划。

6．靠近风险较高的可转债基金

因为可转换债券中和了股票风险大和债券收益不高的缺点，且具有债性和股性，很多投资人表示茫然，不知道怎样才能够较好地操作。所以，此时有了专业的基金经理来帮助投资人管理，也就解决了投资人的烦恼，这就是可转债基金。

投资可转债基金相比个人投资可转换债券具有以下两个优势。

- 可转换债券的定价机制非常复杂，个人需要投入大量的时间和精力去跟踪和研究。但基金公司有专门的投研团队负责研究和收集相关信息，更加专业和可靠。
- 基金通过汇集闲散资金统一投资可转换债券市场，可以最大限度降低信息收集成本、研究成本及交易成本等，从而获得规模效益，使投资人可以分享可转换债券市场的整体收益。

可转债基金结合了股票型基金和债券型基金的优点，在股市上涨的过程中，可转债基金随之上涨。可转债基金的收益大于普通债券型基金，当然投资风险也高于普通债券基金。下面以具体的可转债基金进行详细介绍。

例如，华安可转换债券 B（040023）基金是一只可转债基金，今年以来回报率为 – 24.64%。作为一只债券基金，其收益走势并没有像债券基金一样呈现稳定增长的趋势，那么造成该只基金收益变化的原因是什么呢？首先查看基金的资产分布情况，如图 4–6 所示。

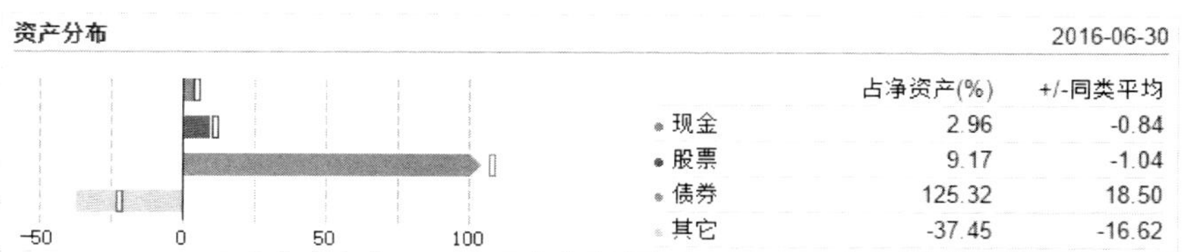

图 4–6　华安可转换债券 B 基金资产分布

从图 4–6 可以看到，该基金的资产中 125.32% 的净资产投资于债券，只由 9.17% 的净资产投资风险较高的股票。但是 9.17% 的股票并不会为基金带来过大的损失，原因在于投资的债券品种，如图 4–7 所示。

序号	债券品种	占净资产(%)	+/-同类平均
1	国家债券	4.95	2.74
2	央行票据	-	-
3	金融债券	-	-3.87
4	企业债券	4.04	-4.16
5	企业短期融资券	-	-1.09
6	中期票据	-	-0.36
7	可转债（可交换债）	116.33	26.00
8	公司债券	-	-
9	资产支持证券	-	-
10	同业存单	-	-
11	地方政府债	-	-
12	其他	-	-

占净资产：
116.33%

图 4–7　华安可转换债券 B 基金的债券投资情况

可以看到的是在债券投资中，可转换债券达到了净资产的116.33%，所以该基金受到股市影响较大，投资风险较高。

另外，对于投资人而言，比较关注投资门槛。目前，国内可转换债券的面值是100元，最小交易单位是1000元，并且以1000元的整数倍递增进行申购。而可转换债券基金的最低申购额也是1000元，目前没有投资上限。所以不管是可转换债券，还是可转换债券基金，投资起点都比较低，适合个人投资。

债券投资
情况分析

债券投资
产品选择

债券的
组合投资

债券技巧性投资方案

对于债券的投资，很多投资人认为债券收益稳定，风险较低，所以只是简单地持有到期就可以了。这种认识其实是不对的，投资债券也有一定的技巧性策略，通过这些策略能够使投资人得到更高的收益。

5.1 债券投资情况分析

不同的投资人有不同的投资习惯，进而形成自己的投资风格。在债券投资中也存在被动型投资人、半被动型投资人以及完全主动型投资人，应对不同投资风格需要不同的分析。

1. 被动型投资人

投资人购买债券被债券稳定的投资利息所吸引，仅仅希望通过投资债券获得稳定收益，不会对债券花费太多的时间去分析和关注，这类的投资人属于被动型保守投资人。

一般而言，这类投资人对债券市场的情况了解并不多。因此，他们的投资方式就是购买一定金额的债券，并且持有到期，获得定期支付的利息收入。对于这种类型的投资人来说，可以投资国债和金融债券，风险较小，收益率变动较小。

对于公务员周女士来说，债券以前成为同事的投资“笑柄”，如今却成为她炫耀的资本，因为在同事们亏得一塌糊涂的今天，她不仅本金安全，每年还可净进账 4.4% 的红利。

在股市和基金市场都热火朝天的时候，周女士却认为，股票、基金这类产品需要花费大量的时间去研究，但是自己没有太多时间，也不太喜欢起伏波动太大的理财产品。此时，2007 年记账式 (10 期) 国债正好在 7 月 4 日发行，一向保守的她刚好购买了年利率仅 4.4% 的该期国债，金额为 7 万元。对此，周围的同事还调侃她，怕钱挣多了。

可在近日聚会上，大家谈论过去一年的投资时，由于股市大跌，其他同事目前本金亏得最少的也在30%，多的超过60%。周女士此时却因为国债的投资， 得到了固定的收益。

可以看到，其实不论是什么样的投资关键在于投资人找到适合自己的投资产品。周女士投资风格保守，也比较满足于国债带来的收益，所以得到稳定的收益，完成投资。

对于这类投资人来说，投资国债也可以根据自身的资产情况购买足额的债券进行投资。将资产分为3部分，将短时间内可能会用到的资金投资短期债券，然后依次分别投资中期和长期，如果可能的话，还可以用利息进行复投。

2．半主动型投资人

这类的投资人购买债券的目的在于获取利息，但同时会适当地把握价格波动的机会获取收益。通常，这类投资人对债券和市场具有一定程度的了解，但是对债券市场关注和分析的时间比较有限。

面对债券投资，他们的投资方法是买入债券，并且在债券价格上涨时卖出，获取差价的收入；如果债券的价格没有上涨，则持有到期获取利息的收入。对于这类投资人，大多选择企业债券进行投资，虽然具有一定的风险性，但是浮动的收益率比较适合这类投资人的投资方法，可能会给投资人带来预期收益，完成债券的“低买高卖”。下面以一个实例来详细说明。

今年34岁的张先生在一家私企做会计，由于工作原因，他研究公司的财务报表很有一套。自认为保守的他，也忍不住想利用自己的专长进入股市。于是，2007年他斥资20万元投资A股。截止到2010年，他引以为傲的专长并没有让他在A股得到收获，3年间虽然遭遇几次起伏，所幸所选股票基本面毫无问题，本金算是保住了，但同期人民币的购买力也大概下降了10%，所以细细算来，张先生投资A股还是赔了。

经历了股市的一番大起大落之后，张先生将投资目光放在了债券上面。经过一番了解之后，张先生发现国内的债券投资情况，大部分是一些上了年纪的大爷大妈在银行排队购买国债，而对于企业债券的兴趣不佳。一来是不了解，二来债券浮动利率也不大，不如投资股票。确实，企业债券的到期收益率一般不会超过9%，而股票涨停一天就能有10%的涨幅，相比之下债券收益确实较少。但是，张先生凭着多年投资股票的经验，反而更看重债券的稳定。张先生经过考察之后，选择了一只企业债券。

投资之初，张先生将预期收益定在6%，就债券的稳定程度来说，难度不大。但是，一段时间后张先生关注债券二级市场的价格，发现购买的债券达到114.23的高点后的两个月，一路下行，最低跌至106元附近。张先生突然发现，原来债券也能赔这么多。

万幸张先生没有拿炒股的方式对待债券，当张先生第一次收到债券付息时，不由感叹之前的担心完全多余，债券投资比股票要省心太多。即使债券价格大幅下跌，在没有兑付风险的情况下，最多等几年债券也会还本付息，而如果不小心在高点持有××油这种股票，那解套只怕就“遥遥无期”了。

其实债券交易价格包含了净价和应计利息两部分，后者每天都在积累，前者是交易价格扣除利息的部分，可能会高于面值，也可能会低于面值。对半主动型投资人来说，如果净价的波动不大，投资人就可以放心地收利息，也不必担心账面价值是否损失。一旦波动较大，则可以根据实际情况来买卖债券。

3. 完全主动型投资人

完全主动型投资人投资债券目的非常明确，希望通过市场波动所引起的价格波动获得收益。这类投资人一般对债券和市场有比较深入的研究，属于较专业的投资人，同时对于市场和债券走势有一定的预测能力。

完全主动型投资人一般是在对市场和个债作出预测和判断之后，采取“低买高卖”的手法进行债券交易。如果预计未来一段时间内债券价格上涨，则买入债券，等到价格上涨到高位之后卖出；如果预计未来一段时间内债券下跌，则将手中持有的该债券出售，并在下跌时再购入债券。

这种债券投资方法相比其他投资而言，收益较高，但同时面临的风险也是最高的。这类债券投资人可以考虑可转换债券以及运用杠杆等投资技巧，使资本得到快速提升。这类债券由于可以转换成企业股，与股市联系紧密，风险更高，同时收益也较高。可转换债券结合了股票的长期增长潜力和债券所具有的安全和收益固定的优势，进可攻，退可守。下面以一个具体的实例来说明。

老张在 2015 年 1 月 1 日投入 96.5 万元，买入某可转换债券 1 万张，价格 96.5 元，同时操作正回购，提升杠杆比例到 2。到 2016 年 1 月 1 日，债券的价格涨到 106.5 元，正回购的利率为 3%。那么，此时老张的盈利为：

10,000×（106.5 － 96.5）×2 － 3%×965000=171,050（元）

此时的盈利率为 17%，如果不做杠杆则盈利为 10%。

如果 2016 年该债券的价格还是 96.5 元，老张此时做正回购 1 年还亏 3%，但是因为该可转换债券纯债收益为 4%，所以最差的情况下，持有该债券做 2 倍杠杆，盈利为 5%（4%×2 － 3%）。

通过案例可以看到，老张属于完全主动型投资的投资人，他的投资策略是利用正回购杠杆持有可转换债券，增加收益率。虽然持有可转换债券可提高收益，但是投资人也需要承担股价波动的风险、利息损失的风险以及提前赎回的风险。

5.2 债券投资产品选择

投资人投资债券大多是由于债券的低风险及稳定收益，但是债券的风险也是不容忽略的，这时候如何选择理财产品就成了关键。

1. 优选债券基金投资

由于债券基金的80%资金投资于债券，所以使得债券基金具有债券的特性。投资人在选择低风险金融产品投资时，可以优先选择债券型基金进行投资。

陈先生今年28岁，税后月收入为5000元，妻子月收入为3000元。单位为他们购买了五险一金。他们有一套价值60万元的住房，一辆价值10万元的汽车，银行两年定期存款5万元和活期存款3万元。另外，夫妻俩每年养车费用1000元，月度日常开销3000元，两夫妻每年还有旅游养生计划。陈先生家的资产表如表5-1所示。

表5-1　陈先生家资产一览表

名称	收入	支出项目	支出金额	结余
月薪	8000元	生活	3000元（月度）	—
2年定期	5万元	养车费用	1000元（年度）	—

续上表

名称	收入	支出项目	支出金额	结余
活期存款	3万元	旅游	5000元（年度）	—
房地产、汽车资产	70万元	健身	500元（月度）	—
总资产	87.6万元	—	4.3万元	83.3万元

通过陈先生家的资产信息表可以看出，其家里的资产情况良好，有固定存余，因为目前没有小孩暂时没太大压力，但是考虑到家庭需要提前为小孩将来做准备，因此整个投资以稳健为主。

根据陈先生的家庭情况，每个月的支出平均在4000元左右，那么根据应急资金储备原则，准备3～6个月的生活资金。所以可以将活期存款中的2万元购买债券基金。购买债券往往有时间期限，提前赎回会被罚息，影响收益。但是债券基金不同，持有期间可以任意赎回，不受时间约束。但是投资人需要注意工作日的操作，周末、节假日基金公司无法确认基金份额。

对于长时间不用的资金，可以购买长期债券，例如金融债券5年期或者企业债券。债券投资收益高于银行存款，且风险较低，收益稳定，更适合家庭投资。

2．根据难度投资国债

国债的收益自然不能够和债券型基金相比较，但是遇到降息情况时，购买国债利率固定的好处就显现出来，不跟随央行调息变化也就锁定了较高的利息，加之购买国债不用缴纳利息税，于是国债也就成了众多投资人喜爱的投资对象之一。

投资按照风险大小、投资难易度进行排序，首先是最简单的国债逆回购；其次是购买储蓄型国债，长期持有；再次是买卖长期国债；最后就是高难度、高风险投资，长期持有期间适当做正回购交易套取资金投资于其他短期品种。

■ 国债逆回购

国债的品种都有较长期限限制，本身比较适合长期闲置资金或者追求稳健投资的投资人。所以在这类投资人里，中老年人居多。年轻投资人资金占用率较高，而且更愿意关注收益更高、流动性更强的产品。

国债的逆回购是流动性更高的一种投资方式。逆回购就安全性而言，基本类似于国债。只是需要通过证券交易所系统交易，类似股票交易下单，填写的“价格”就是资金的利率收益，参与竞价。虽然一天的报价也会像股价一样起伏，可一旦成交，收益就确定下来，到期交易所就自动把本金和利息收益划回账上，不会有本金损失的风险。影响收益波动的主要因素是利率，利率下跌，收益率下跌；不过股市活跃、新股发行或是年末资金紧张时，融资方需求提高，收益率一般都会升高。

目前上交所有 1 天、2 天、3 天、4 天、7 天、14 天、28 天、91 天和 183 天期的国债逆回购品种。交易 1 手 =10 张 =1000 元，但门槛设置为每 100 手起，也就是最低 10 万元资金起，且只能整数倍递增。交易费用方面，1 天期的逆回购费用仅 1 元，折算为年化费用率即 0.36%。闲置资金大部分人会放在活期账户或者购买货币基金，但其实还可以参与国债逆回购。

类似股票交易，首先需要到证券公司营业部开立账户资金和股东账户，如果已有账户，即可带身份证与股东卡直接签署回购协议。同时，还可以在证券公司网站直接申请完成。

交易方式可通过网上交易、电话交易及手机交易。只需登录交易系统，选择交易方向为“卖出”，输入相应回购代码，价格栏中填写合适的年化收益率数字。当然这也不是随心填写、越高越好，而是像买股票一样需要考虑能否成交。剩下只需等到期后，资金和利息由系统自动返还。

以一笔 10 万元期限为 1 天的交易为例，某投资人当日在交易系统中看到利率变化走势，即可在交易软件中选择卖出 204001 品种，数量为 100 手，价格为即时利率 9%。交易成功后账户上被扣除 10 万元和 1 元的手续费。而第二日到期时，按照回购利息 = 回购数量 ×(回购价格 × 回购天数 ×100÷360)，扣掉 1 元手续费，账户上有 24 元利息收益。

【提示注意】

到期当日资金不可取但可用，可以继续逆回购或者用来购买股票、申请新股等，到第二日就可取出。比如，今天有 10 万元准备明天购买股票，即可做 1 天的国债逆回购，并不影响明天资金的使用。

如果在周五进行 1 天品种的交易，资金要在周一才返还， 也就是说周末两天不计息，要注意避免损失。但是如果在周五进行 3 天品种交易，周末两天就是计息的，而且这个时候 3 天品种的利率也会明显下降。而直接购买 7 天品种是全部计息的。

■ 持有储蓄型国债

储蓄型国债类似银行定存，但是利息高，提前兑换损失小，所以对投资人而言，储蓄型国债是银行存款很好的替代品。虽然储蓄型国债本身风险较低，但是它的资金流动性较差。所以对于年轻投资人来说，3 年期国债相对而言更加适合。

■ 短线操作的记账式国债

如果说储蓄型国债最大的缺点是流动性差，那么记账式国债就很好地解决了这一问题。记账式国债能够在二级市场像股票一样直接买卖，另外提前兑换不损失利息，仍可享受按票面利率支付持有到期利息。但是也因为流动性高，它的发行利率由承销成员投标决定，普遍没有储蓄型国债高。

记账式国债上市之后随时可以通过证券市场进行买卖，既能够享受高收益，还可以赚取差价。投资人凭借投资经验以及抗风险能力对债券未来走势进行预测，从而获得收益，不过这并不是容易的事。当市场收益率上升时，债券净值下降，有可能低于投资人购买时的价格，带来价差损失。

【提示注意】

国债的本质是讲究中长期持有，期间可以按照股票的补仓手法，低吸高抛，以拉低成本获得收益。赚差价更适合机构投资人或者对市场和债券本身走势有较强判断能力的投资人。对于一般投资人而言，可以根据流动性而买入。

■ 难度升高的国债正回购

这个阶段主要有两种方式，一个是国债正回购，即与逆回购相对应。二是利用自己手里持有的国债，期间适当做正回购交易套取资金投资于其他短期品种获得收益。

这个与国债逆回购恰恰是对手方，即拥有国债的人可以做融资方，把手里的国债质押出去而获得融券方的资金，投入到短期更有把握的地方，比如股市短线交易、新股申购等。但这个正回购参与门槛较高，一般是银行、基金等机构拥有交易席位，手里的国债还需按转换率做成质押。这样融到的资金需要支付给逆回购方利息，对短期的投资效果要求高，建议普通投资人还是不要轻易尝试。

5.3 债券的组合投资

组合投资的最大作用就是分摊资本，降低投资风险，提高收益率。投资人对于债券投资组合，应该怎样来构建呢？下面来具体介绍。

1. 如何构建一个债券投资组合

债券的组合投资策略是着眼于多只债券的组合管理，不是把自己投资的每只债券都分割开来看，而应该把它们联系起来作为一个有机的整体。单只债券不可能正好满足投资人的所有要求，而多只债券不同比例搭配的投资组合有望满足各类投资人的需求，就好像调酒师可以调出各种鸡尾酒以满足客户不同的口味一样。

债券投资组合是投资人按照一定的投资目标设立的一组债券以及相关的债券衍生品。并且组建债券投资组合有一定的操作步骤，投资人需要根据具体步骤来构建适合自己的投资组合，如图 5-1 所示。

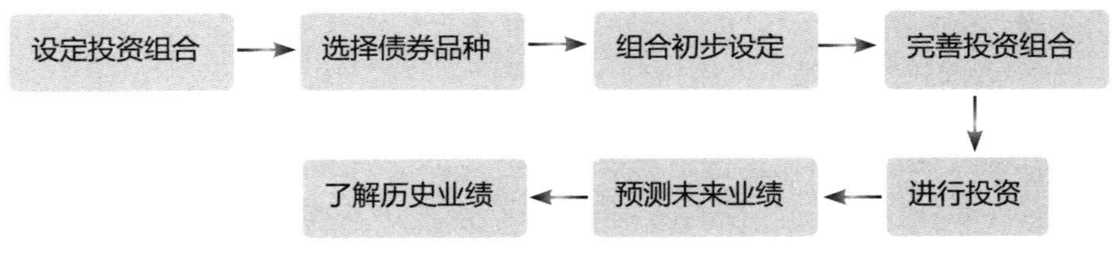

图 5-1　构建债券组合步骤

- **设定投资组合：** 投资人在投资之初，首先需要设定一个符合市场实际情况与自身期望的投资目标。

◆ **选择债券品种**：确定投资目标之后，就需要根据目标收益筛选适合的债券产品。同时，对选择的债券进行个别分析，包括基本信息、价格、久期、凸度、收益水平以及流动性等，并从中剔除流动性不佳、风险偏大的债券。

◆ **组合初步设定**：将选择的债券进行组合投资，首先将每只债券的比例设为一样，然后变动一只或者数只债券的投资比例，以便找出较好的投资比例。

◆ **完善投资组合**：首先分析投资组合的综合收益，到一定程度时可以进行投资组合风险结构分析，分析投资组合的常见利率风险指标以及本身的利率风险分布。通过直接修正样本的投资比例，可适当降低目标年期的利率风险。

◆ **了解历史业绩**：将完善之后的投资组合进行历史业绩分析，通过分析持有到期的收益，可以了解这个投资组合过去一段时间内的表现。

◆ **预测未来业绩**：投资人需要注意的是过去的业绩只是一个投资参考的数据，并不代表投资组合未来的发展。成功的投资在于对未来的变动做好应急措施，因此投资人需要根据利率变化进行未来投资组合的业绩预测。

◆ **进行投资**：根据预测的结果符合投资人的收益期望之后，就可以进行组合投资了。

明确了构建债券组合的过程之后，就可以根据不同种类债券的风险性以及收益率构建适合自己的投资组合。一般而言，记账式国债的信用风险较低，但是收益率通常在 4% 左右；企业债券的风险适中，收益率一般高于 4%，但是债券的流动性较差；可转债和分离债收益率可能高过 6%，但是风险较高。如果全部购买国债，收益就会偏低；全部买无担保的公司债，收益可能较高，但又担心信用风险；全部买可转债又担心正股价格下跌。所以必须从自身的预期收益水平、风险承受能力和投资期限出发兼顾债券的收益性、安全性和流动性来构建合适的债券投资组合。

2. 常见的债券投资组合方式

债券投资的收益稳定众所周知，开单时并不意味着不讲究方式方法，只是购买就能够得到较好的投资效果。尤其是债券受市场利率调整影响较大的情况下，投资方法不当的话也会导致投资人的损失。下面来介绍杠铃式组合投资。

杠铃式投资指的是投资人将资金集中于短期债券和长期债券，而放弃中期债券的投资策略。长期债券的有利之处在于收益率较高，价格起伏不大。但不可避免的是长期债券的资金一般流动性和灵活性较差，如遇投资人出现急需资金时，不能够及时变现。这时候配置短期债券就能够有效地规避这一情况，短期债的优点在于具有较强的资金灵活性和流动性，能够帮助投资人解决资金困境。

杠铃式投资将两种债券结合起来，在一定程度上克服了彼此的缺点，同时又发挥了各自的所长。这种投资方法如图 5-2 所示，由于杠铃式投资类似于两头大中间小的杠铃，因此而得名。

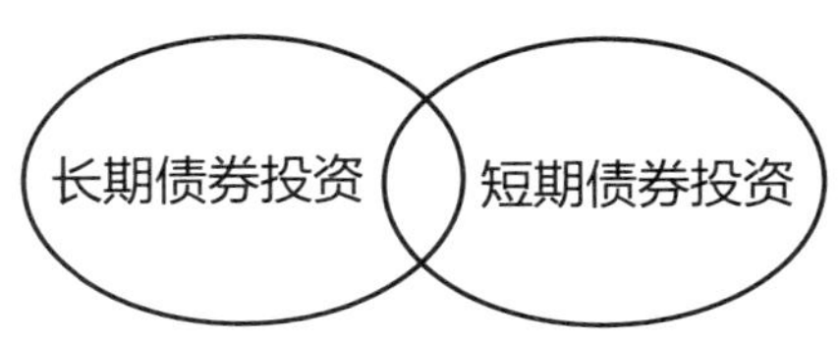

图 5-2 杠铃式债券组合投资

但是在杠铃式投资中，对于长期债券和短期债券并没有统一的划分标准，主要是根据投资人自己的投资目标来确定。例如，有的投资人将 3

年以下的债券作为短期债券，有的投资人也将 1 年以下的债券作为短期债券，有的投资人将 5 年期以上的债券作为长期债券，有的投资人将 7 年或者 10 年期以上的债券作为长期债券。

在杠铃式投资中，长期债券与短期债券的投资比例也不一定是 5 ∶ 5，投资人根据自己家庭的支出情况储蓄 3 ～ 6 个月的紧急备用金作为短期债券投资，将长时间内用不到的资金作为长期投资。长期债券收益率大于短期债券，只是按照 5 ∶ 5 的比例进行机械投资反而会影响正常的投资收益。

杠铃式投资法的特点是灵活性较强，收益较高。这是基于市场利率的准确预测之上的。使用这种方法需要对市场利率进行准确预测，并随时根据市场利率的变化来调整二者的比重。

3．债券资产组合管理

债券资产组合管理是根据事先确立的管理目标，通过一定的策略对组合进行维护、调节与控制，进而实现预期投资目标的过程。一般来说，债券组合管理需要经过设定投资目标、实施相关策略、检测组合表现以及调整组合结构 4 个阶段。在债券组合的管理中主要有 3 种管理策略，分别是消极的债券投资组合管理策略、积极的债券投资组合管理策略以及免疫策略。

■ 消极的债券投资组合管理策略

消极的债券投资组合管理人一般会将市场的价格看作一个均衡交易价格，所以他们并不会试着寻找低估的品种，他们的关注点一般在债券组合的风险控制上面。在这样的债券投资组合管理过程中，管理人会运用两种消极的管理办法：买入并持有策略和指数管理策略。买入并持有策略比较简单，也是消极管理人经常会运用到的组合管理方法，这类的管理方法被大部分债券初级投资人所用。买入债券组合之后持有到期，获取定期本息，不考虑市场利率变动的风险。

指数管理策略的目的是使债券投资组合达到与某个特定指数相同的收益，它以市场充分有效的假设为基础，属于消极型债券投资策略。虽然这种策略可以达到预期的收益效果，但是放弃了获得更高收益的机会或者不能满足投资人对现金流的要求。指数管理策略的方法有以下 3 种。

- **分层抽样法**：将指数的特征排列组合后，分为若干个部分，在构成该指数的所有债券中选出能代表每一个部分的债券，以不同特征债券在指数中的比例为权重建立组合。
- **优化法**：用数学规划的方法，在满足分层抽样法要达到的目标的同时，还满足一些其他的条件，并使其中的一个目标实现最优化，如在限定修正期限与曲度的同时使到期收益最大化。
- **方差最小化法**：债券组合收益与指数收益之间的偏差称为追随误差，为指数中每一种债券估计一个价格函数，然后利用大量的历史数据估计追随误差的方差，并求得追随误差方差最小化的债券组合。

在这 3 种方法中，分层抽样法适合于证券数目较小的情况，当基准的债券数目较大时，优化法与方差最小化的方法比较实用，但是后者往往需要采用大量的历史数据。

■ 积极的债券投资组合管理策略

积极管理人认为债券市场并不是完全有效的，影响债券价格的信息并未充分反映当前市场中存在的大量获取超额收益，即超过市场平均收益水平的收益机会。管理人通过占有和分析这些尚未反映充分的信息，可以把握住机会获得高收益。

积极的债券组合管理人一般需要进行利率分析以及债券互换。利率分析是一种基于对未来利率预期的债券组合管理策略，一种主要的形式被称为利率预期策略。在这样的策略之下，债券管理基于其对未来利率水平的预期来调整债券资产组合，使其保持对利率变动的敏感性。由于久期是衡量利率变动敏感性的重要指标，这就意味着如果预期利率上升，就应当缩短债券组合的久期；如果预期利率下降，则应该适当增加债券组合的久期。所以，利率预期策略运用的关键点在于是否能够准确地预测利率水平。

债券互换就是同时买入和卖出具有相近特性的两个或两个以上的债券品种，从而获得收益差的行为。一般而言，只有在存在较高的收益差和较短的过渡期时，债券管理人才会进行互换操作。收益差越大，管理人从债券互换中得到的收益也就越高。

例如，甲公司债券和乙公司债券的期限都是 8 年，息票利率都是 6.5%。另外，都是在 3 年之后可以 104 元的价格进行赎回。当前甲公司债券的到期收益率为 5.22%，而乙公司债券的到期收益率为 5.48%。如果投资人经过比较两种债券的信用等级相同，那么就可以卖出甲公司债券，而买入乙公司债券，从而获得较高一些的收益。

■ 免疫策略

能够在一个特定的投资期限内，无论市场利率如何变化，债券组合的收益率均保持不变的策略称为免疫策略。实质上是试图平衡利率风险，即使资产组合免受利率风险的影响。

例如，某债券的利率为 7%，投资人有 50000 元，如果他购买的一个投资组合能够使他在未来 5 年之内获得确定收益 7%，或者是能够达到 67500 元（50000+50000×7%×5），那么投资人就是购买了一个免疫组合。

通过上述例子，可以从两个角度来分析免疫策略，分别是净值免疫和目标日期免疫。

◆ 净值免疫

净值免疫指的是投资人的资产负债净值在持有期内不受利率波动的影响。如果资产与负债的久期相匹配，则当利率发生变动时，资产和负债的价值将会有相同幅度的变化，因而净值保持不变。

◆ 目标日期免疫

从目标日期免疫的角度来看，如果资产与负债的久期匹配，则资产的累计价值将不受持有期内利率波动的影响，从而在目标日期内达到与负债相同的终值，如图 5-3 所示。

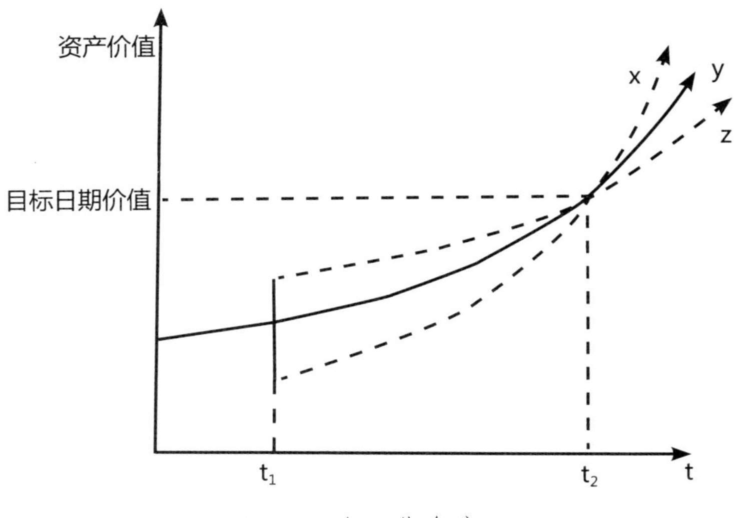

图 5-3 目标日期免疫

x 为当利率上升时的资产价值，y 为当利率不变时的资产价值，z 为当利率下降时的资产价值。

在 t_1 时刻，如果利率上升，则资产价值突然下降，但是随后将会以更快的利率上升，并且在相应久期 t_2 的时刻即目标日期达到预期价值；在 t_1 时刻，如果利率下降，则资产价值突然上升，但随后将会以更慢的速率上升，并同样在 t_2 时刻达到预期价值。

面对各种债券投资组合的管理策略，很多时候投资人会不知道具体选择哪一种策略，投资人可以根据市场情况与自身的需求来确定。

◆ 经过对市场进行分析，如果投资人认为市场效率较强时，则可以采取指数化投资策略。

◆ 当投资人对未来的现金流有特殊需求时，则可以采用免疫和现金流匹配的策略。

◆ 当投资人认为市场效率较低，而且自身对未来现金流没有特殊需求时，则可以采用积极的投资策略。

所以，在实际的投资过程中，将消极管理策略和积极管理策略相对立的管理态度显然是不可取的，更合理的选择是将两者结合起来进行管理。例如，管理人可以将核心资产进行消极管理投资，而非核心资产则进行积极投资管理，这样可以使投资组合得到更高收益的回报。

4．年净收入 15 万元家庭的理财计划

投资理财计划是根据每个投资人自身情况，从实际角度出发建立适合的投资目标。下面以一个家庭理财的实例来说明投资理财组合的实际建立过程。

周女士，40 岁，个体商户老板，有社保。丈夫，48 岁，无社保。除去生活开支 7.6 万元，家庭年净收入 15 万元。流动资金 50 万元，股票 50 万元，目前套牢。有住房一套，贷款 24 万元，贷款期限 10 年，已缴 1 年多，未装修。房屋市值 36 万元。目前有 4 份保险，其中孩子的重疾险两份，从 12 岁开始交起，今年小孩 18 岁。另两份万能险（重疾险为夫妻）带所有，年交 6000 元。另外，孩子明年准备上大学，周女士家的资产状况如表 5-2 所示。

表 5-2　周女士家的资产状况表

名称	收入	支出项目	支出金额
年收入	25 万元	生活	7.6 万元（年度）
活期存款	50 万元	住房贷款	2.4 万元（年度）
股票投资	50 万元	保险	6000 元
住房	36 万元	—	—

周女士和丈夫处于 30 ~ 50 岁之间，属于理财规划中的成长期家庭。在负债方面，周女士是个体商户老板，与收入相比负担并不重。但是需要考虑这个工作收入存在一定的不稳定性，所以需要合理地计划资产，保障资金的安全理财。

从周女士家的资产状况表可以看到，周女士的家庭资产有进行理财计划，股票投资和货币资产各占 50% 的比例，没有债券类型资产。货币类型的资产比例过大，可以将周女士家投资类型的比例进行适当调整，增加债券型投资的品种，以提高整体收益率，同时增加抗风险能力。

根据周女士家的情况，可以将投资计划分为 3 部分，分别是 50 万元流动资金投资计划、50 万元股票资金投资计划以及 15 万元家庭净收入投资计划。

■ 50 万元流动资金投资计划

由于周女士从商，所以很多时候会遇到资金周转的情况。因此这部分资金主要以资金流动性为主，收益率为辅，从而得到如图 5-4 所示的投资比例示意图。

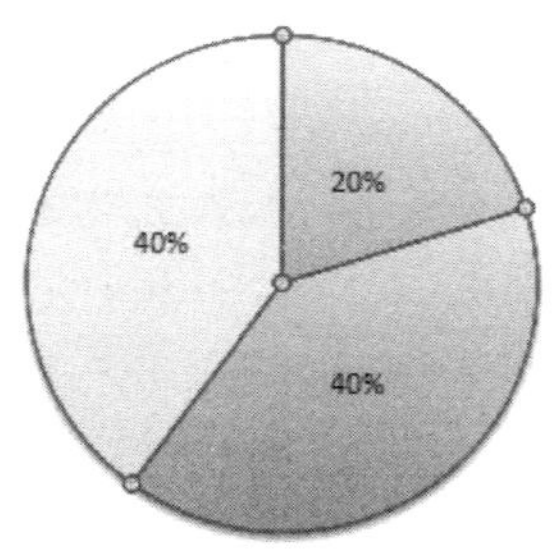

图 5-4　50 万元流动资金投资组合比例

在投资组合中将 20% 比例中的 10 万元投入货币基金，这类基金最大的特点在于随时赎回，资金流动性较强。同时配置 40% 的债券型基金以及 40% 的债券，这里的债券首选国债投资，流动性较强并且风险性较低。

■ 50 万元股票资金投资计划

高风险投资比例现在占家庭投资的 36% 左右，如果投资人的投资经验不足或者风险承受能力较低，可以适当降低高风险投资的比例。可以将少量的资金自己操作，分出部分资金选择债券或者定投股票型基金，是比较稳健的投资手法，如图 5-5 所示。

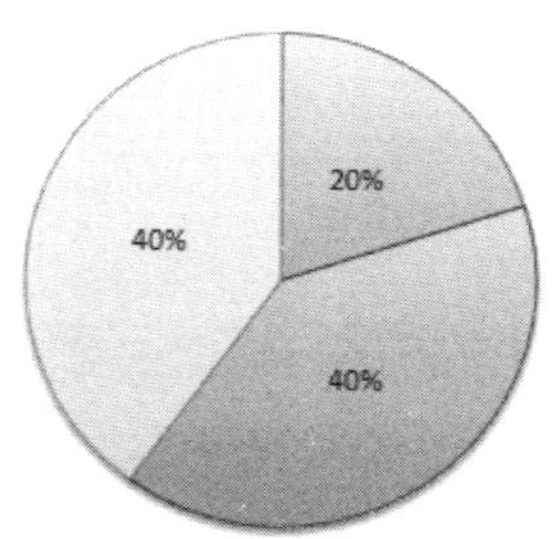

图 5-5　50 万元股票资金投资组合比例

在投资人投资经验不足的情况之下，可以适当降低自行投资股票比例到 20% 左右。由于基金是通过专业的基金经理人进行投资，所以投资人在经验不足且追求高收益率的情况之下，可以配置 40% 的股票型基金。这里股票型基金的投资，可以通过基金定投的方式进行，分批次入场降低一次性投资的风险性。另外为了使整个投资组合稳定，配置低风险的债券，所占比例在 40% 左右，这里的债券可以选择企业债券以及可转换债券进行投资。

■ 15 万元净收入投资计划

由于 15 万元的家庭净收入是比较稳定的收入，这类的投资可以采取定投的方式进行。这部分的资金可以承担的风险稍高，所以在配置投资比例时，可以适当调高高风险的投资产品，如图 5-6 所示。

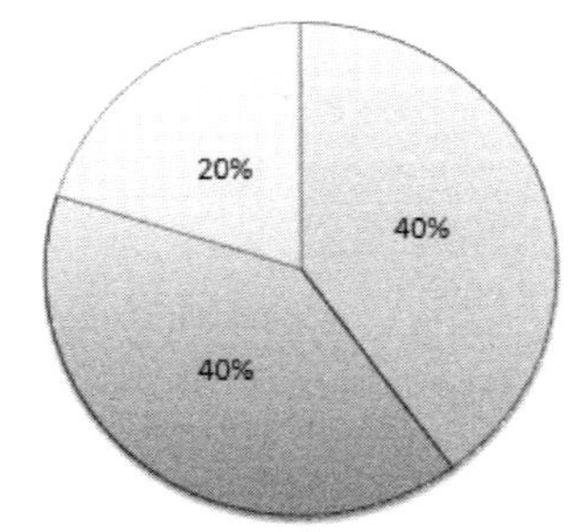

图 5-6　15 万元净收入投资组合比例

这个投资组合是基金投资组合，为了得到高收益可以配置 40% 的股票型基金进行定投。然后配置 40% 的债券型基金，这里的债券型基金可以是混合型债券基金投资，在平衡组合整体配置的同时，提高组合的整体收益。另外，配置了 20% 的货币基金，增加资金的流动性。

根据周女士家的投资理财计划可以看到，每一个投资人的理财计划都是根据家庭的实际需求作为基准而设计的。理财并不是投资，投资仅是理财的一部分。投资人在进行投资时，是对自己的资产进行规划和管理，是为了使自己的资产能够得到增值、保值。

综上所述，投资人在进行投资之前，首先需要根据家庭的资产状况整理出一个合适的投资目标，然后根据不同的投资目标构建不同的投资组合，每一个投资方案都需要在自己能够承受的风险范围之内。另外，切忌借款投资或者信用卡投资，这样的投资无形之间增加了投资成本以及投资的风险。同时，对于投资组合也需要时常关注，进行定期调整。

走进基金市场

稳健的债券型基金

投资债券型基金注意事项

债券基金的低风险投资

在债券市场投资的投资人，除了投资债券之外，还可以投资债券型基金。债券型基金是由债券衍生而来的金融投资产品，它具有债券低风险、稳定收益的特点，受到广大投资人的喜爱。

6.1 进入基金市场

对于初入基金市场的基民来说，可能对基金比较陌生，面对众多的基金产品也不知道该如何进行选择。下面来详细介绍一下基金的入门知识，使投资人对其有一个初步认识。

1. 基金投资是怎么回事儿

基金投资是一种间接的证券投资方式。基金管理公司通过发行基金份额，集中投资人的资金，由基金托管人托管，由基金管理人管理和运用资金，从事股票、债券等金融工具的投资，然后共同承担风险，分享收益。

可以简单理解为，基金投资就是通过集中投资人的资金交给银行或者金融机构进行保管，由基金公司负责投资于股票、债券等证券，以实现保值增值的目的。

在基金投资中有几个比较重要的当事人，如基金托管人、基金管理人、以及基金托管银行等，他们在基金投资的过程中分别扮演什么样的角色？与投资人之间存在什么样的关系？下面就来进行具体介绍。

基金管理公司是合伙投资的牵头操作人，不过他是公司法人，需要通过证监会审批。基金管理人是负责基金具体投资操作和日常管理的机构，证券投资基金的管理人由基金管理公司担任。而基金托管是指将投资人的资金放在银行，设立一个专门的账户，由银行管理记账，称为基金托管。所以基金托管人通常由取得托管资格的商业银行担任。他们与投资人之间的关系如图 6-1 所示。

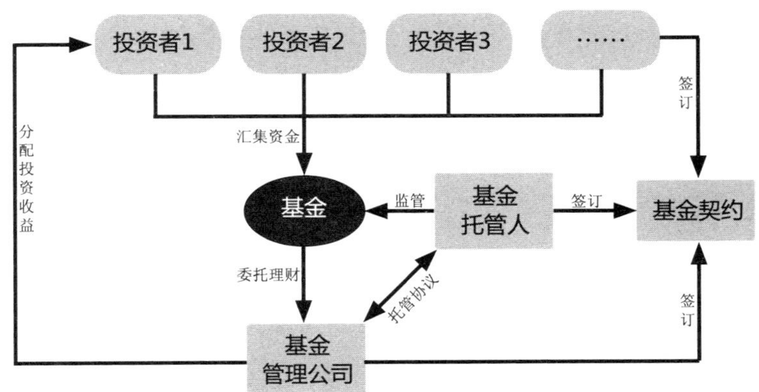

图 6-1 投资人、基金公司与基金托管人之间的关系

在基金投资管理过程中，基金经理起着决定性的作用，其操作的好坏直接影响着整个基金的业绩与投资人的收益。基金经理是受到基金管理人委托，对基金进行操作管理和运作的负责人。

每一种基金均由一个基金经理或者是一组基金经理负责投资组合策略。因此，投资人在投资基金的过程中，选择一个优秀的基金经理就显得至关重要。

2. 基金的购买渠道

随着社会的发展，基金购买也变得越来越简单方便。目前，购买基金的途径主要有 3 种，基金公司直销、银行代销网点以及证券公司代销网点。投资人选择不同的途径购买，也有不同的优缺点，下面来一一介绍。

■ 基金公司直销

现在投资人通过互联网就能够完成在基金公司直销中心的开户、认购以及基金赎回等操作。同时，基金公司直销免去了中介费用，可以享受到较低的认购费用，以及其他一些中介费用。

但是基金公司直销也存在不足，如某投资人想购买多家基金公司的基金产品时，往往需要在多家基金公司办理相关的手续，比较烦琐，而且对于基金的日常管理也不方便。

■ 银行代销网点

银行的网点较多，这为投资人存取款提供了较大的方便。但是通过银行代销网点购买基金一般不能够享受申购优惠，并且单个银行代销的品种较少，通常以新基金为主。托管银行一般不会代理一家基金公司旗下的所有基金，所以往往投资人办理基金转换业务时需要往返多个网点操作，比较麻烦。

■ 证券公司代销

证券公司代销的基金品种一般比较齐全，投资人选择基金的余地很大。同时支持网上银行交易，比较快捷方便。另外证券公司的客户经理可以向投资人介绍基金产品情况，投资人可以及时、全面地了解基金。但是证券公司的网点较少，首次办理业务需要到证券公司办理并开立资金账户才能够购买。证券公司购买基金价格高于基金公司直接购买，因为基金公司需要付给券商一些佣金。

面对多种购买渠道，投资人需要根据自身情况选择适合自己的购买方式。一般来说，对于初次购买基金的基民最好到证券公司进行购买，因为投资人自身没有投资经验，多听听客户经理的推荐和建议有助于投资人选择适合自己的基金。

3．基金的投资类型

基金理财产品常见的有 4 种，分别是固定收益理财产品、最低收益理财产品、保本浮动收益理财产品以及非保本浮动收益理财产品。投资人根据自身的投资风格选择适合自己的产品，基金品种的类型分为下面几种。

- **根据基金单位是否能够增加或者赎回划分**：可分为开放式基金和封闭式基金。开放式基金指的是不上市交易，一般通过银行申购和赎回，基金规模不固定；封闭式基金是指基金的发起人在设立基金时，限定了基金单位的发行总额，筹足总额后，即进行封闭。
- **根据基金投资对象的不同划分**：分为股票型基金、债券型基金、货币型基金和混合型基金。股票型基金指60%以上的基金资产用于投资股票；债券型基金指80%以上的基金资产投资于债券；货币型基金指仅用于投资货币市场的基金；混合型基金指可以投资股票、债券以及货币市场，但股票投资不能够超过60%，债券不能超过80%的基金。
- **根据投资风险与收益的不同划分**：可以分为成长型基金、收入型基金以及平衡型基金。成长型基金是以资本长期增值为投资目标的基金，这类基金投资的对象主要是股票；收入型基金是以追求基金当期收入为目标的基金；平衡型基金介于成长型基金与收入型基金之间，既追求资产的增值，又追求基金的当期收益。

对于基金投资人来说，了解基金的类型是非常必要的，不同的基金类型收益性与风险都不相同。了解基金品种特性之后，在投资组合配置中可以充分利用基金的不同风险以及收益率高低对基金进行组合。

4. 基金的交易计算

投资人在基金的购买和赎回中涉及一些手续费用，在投资基金之前，了解这些费用的计算和扣除方法能够更好地完成投资。

■ 基金的分红

基金公司经营状况良好且盈利时，投资人可以得到基金分红，基金分红有两种方式，现金分红和红利再投。

现金分红，就是在红利分配的当天，从基金托管账户向投资人的银行账户划出资金，即向投资人直接分配现金。

而红利再投指的是在红利分配当天，投资人应得的分红资金转换成相应的基金份额投入投资人的基金账户进行再投资。一般这类分红基金份额不需要扣除再投资的手续费。

【提示注意】

一般来说基金的分红方式是可以选择的，投资人想要更换分红方式可以到基金公司或者代销机构营业网点办理变更手续。

■ 认购和申购

购买基金有两种方式，分别是认购和申购。认购时，投资人在基金募集期按照基金的单位面值加上所需要缴纳的手续费来购买基金；而申购时，投资人在基金成立之后，按照基金每日更新的单位净值加上所需要缴纳的手续费购买基金。这其中就涉及基金认购费用和申购费用。认购费用与申购费用的计算公式如下。

认购费用 = 认购金额 × 认购费率

净认购金额 = 认购金额 – 认购费用

例如，认购金额为 1 万元，认购费率为 0.8%。那么，认购费用计算如下。

认购费用 =10000 × 0.8%=80（元）

净认购费用 =10000 – 80=9920（元）

申购费用 = 申购金额 × 申购费率

净申购金额 = 申购金额 – 申购费用

例如：申购金额 1 万元，申购费率 1.5%，T 日基金份额净值 1.5 元。

申购费用 = 10000×1.5% = 150(元)

净申购金额 = 10000 – 150 = 9850(元)

【提示注意】

在基金的购买中，认购费率往往低于申购费率，这是因为投资人认购的基金往往是新基金，基金为了保证发行规模而鼓励投资人认购，所以认购费率较低。但是投资人需要注意的是，新基金通常会有几个月的封闭期，在封闭期的基金是没有运作收益的。而且新基金没有历史业绩，投资人不能很好地预测基金未来发展走向。因此，投资人不要因为一时图便宜而购买基金。

■前端收费和后端收费

投资人在进行基金投资时，会有前端收费和后端收费两种收费方式。前端收费顾名思义，是投资人在购买基金之初需要缴纳的费用，通常情况下会随着投资人认购或申购的金额增大而递减。但是后端收费是投资人完成投资，在操作基金赎回时缴纳的费用，通常费用会随着投资人持有基金的时间增长而递减，如图 6-2 所示。

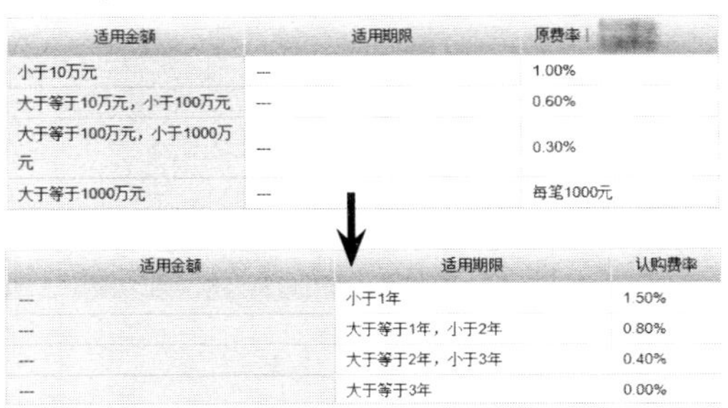

适用金额	适用期限	原费率
小于10万元	---	1.00%
大于等于10万元，小于100万元	---	0.60%
大于等于100万元，小于1000万元	---	0.30%
大于等于1000万元	---	每笔1000元

适用金额	适用期限	认购费率
---	小于1年	1.50%
---	大于等于1年，小于2年	0.80%
---	大于等于2年，小于3年	0.40%
---	大于等于3年	0.00%

图 6-2 某基金认购前端收费和后端收费

可以看到选择前端收费，当投资资金不小于1000万元时，前端收费低至每笔1000元；而选择后端收费满3年认购费率为0，不需要缴纳费用。

投资人投资基金需要有一个意识，投资是一件需要持之以恒的事，长时间的投资才能够得到比较高的收益。如果仅仅是短时间的投资，除了经常转换让人疲劳不堪之外，不停申购、赎回而产生的手续费用也是不容小觑的一笔资金。由此看来，如果投资人看好某只基金并且有长期持有的打算，选择后端收费是比较划算的一种收费方式。

5．基金投资从开户开始

新基民购买基金之前，首先需要开立账户，然后才能够进行开放式基金的认购、申购以及赎回。开户既可以在基金公司开户，也可以在银行开户，还可以在证券公司开户。这里以华夏基金公司开户为例进行介绍。

开立基金账户首先要到银行办理网上银行服务，其次要到基金公司网站开通基金账户，最后就可以进行基金交易了。

Step01 进入华夏基金官方网站（http://www.chinaamc.com/），在首页上方单击“我要开户”超链接。

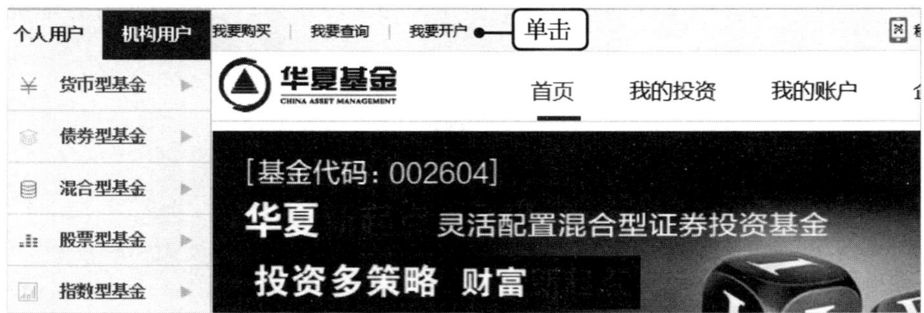

Step02 进入银行选择页面，投资人需要选择自己银行卡所属的银行。前

提是银行需开通网上银行功能，能够在网上完成支付交易才可以。这里以建设银行为例，选中“中国建设银行”单选按钮。

Step03 进入银行卡相关信息填写页面。投资人根据页面提示输入真实信息，单击“确认”按钮。

Step04 页面跳转至开户资料填写页面，投资人根据页面提示填写真实信息，设置交易密码，阅读相关协议后，单击“提交”按钮。

Step05 页面至开户成功页面，显示“网上交易开户已成功！”字样，提示投资人开户成功。

投资人在基金开户成功之后，就可以在网上进行基金的认（申）购和赎回的投资操作了。通过网上银行进行基金开户也非常方便快捷，进入各大银行的官网根据页面提示完成操作就可以。证券公司开户的基民需要带齐身份证等材料到证券公司开立基金资金账户、注册登记机构账户以及基金交易账户。

6.2 稳健的债券基金

对于经常投资债券的投资人来说，债券基金应该不会陌生。债券投资是投资人根据债券风险与收益选择债券进行投资，而债券基金是通过专业的基金经理进行债券投资，投资人根据基金的历史业绩、基金经理的业绩水平以及基金公司等情况来选择基金进行投资。

1. 债券基金是怎样的

投资过债券的人都应该清楚，债券投资需要进行抢购，尤其是国债。周一到周五，网上 8:30 开始抢购，银行 9:00 开始排队购买。很多时候，投资人都会面临想投资而买不到的尴尬局面，但是投资债券基金就不同了。

债券基金是指以国债、金融债以及企业债等固定收益类金融工具为主要投资对象的基金。因为其投资的产品收益比较稳定，且比例在 80% 左右，所以又被称为固定收益的基金。

■ 认识不同的债券基金

目前，市场上规模较大的 3 类债券基金，分别是标准债券型基金、混合债券型一级基金和混合债券型二级基金。

标准债券型基金就是俗称的“纯债基金”，基金资产只投资于债券，所以风险较低。在纯债基金中，又分为短期纯债基金和中长期纯债基金。另外，在标准债券型基金中还有一种特殊类型的基金——指数债券基金。

混合债券型一级基金，简称“一级债基”，是指可参与一级市场新股申购，可持有因可转债股所形成的股票，股票派发或分离交易可转债、分离交易的权证等资产的债券基金。

混合债券型二级基金，简称“二级债基”，是指可适当参与投资二级市场股票以及中国证监会允许基金投资的权证等其他金融工具，也可参与一级市场新股申购的债券基金。

除了以上的分类，市场上还有可转债基金及其他债券基金，但是数量不多，一般都属于混合债券型基金。

■ 债券基金的特点

债券基金由于其大部分资金投资于债券，所以它具有债券的一些特点，同时又具有基金的特点，如图 6-3 所示。

收益稳定

债券型基金投资于债券定期都有利息回报，到期还本付息，因此债券型基金收益稳定。

低风险性

与股票型基金相比较，债券型基金主要投资固定收益证券，受股市行情影响较小，风险较低；与单一的债券投资相比，债券型基金通过集中投资人的资金对不同债券进行组合投资，有效降低单一投资的风险。

注重当期收益

债券型基金主要追求当期较为固定的收益，更适合不愿过多冒险，追求当期稳定收益的投资人。

专业理财

债券投资品种繁多，逐个研究比较麻烦，债券基金将资金交给专业的基金管理人操作运行，分享收益。

流动性强

有的债券需要到期才能够兑现，或者提前兑现降低利息，得不偿失，而债券基金可以在持有期限内赎回或转换。

图 6-3　债券基金特点

■ 债券基金的分类和收费

投资人在投资时，经常会看到债券型基金的 A、B 以及 C 分类，其实它们的核心区别在于申购费用上。这时又分为以下两种情况。

如果是 A、B、C 三类基金，A 类一般是代表前端收费，B 类代表后端收费，C 类是没有申购费。

例如，大成债券分为 A、B、C 三类，其中 A 和 B 为前端收费和后端收费，而 C 类没有申购费。

如果是 A、B 两类债券基金，一般 A 类为有申购费，包括前端和后端，而 B 类债券没有任何申购费。

例如，易方达安心债券 A（110027）为前端收费，易方达安心债券 B（110028）没有申购费。

总的来说，A、B、C 三类基金中的 A 和 B 基金相当于 A、B 两类中的 A，是前端或者后端申购费基金，而 A、B、C 三类中的 C 相当于 A、B 两类中的 B，没有申购费。

投资人需要注意的是，虽然有些基金没有申购费，但是如果仔细去看招募书，在这些没有申购费的债券型基金中，费率中都多出了一条叫“销售服务费”的条款。这个销售服务费和管理费类似，按日提取。

例如，在华夏债券的招募书上是这样写的：“本基金 A/B 类基金份额不收取销售服务费，C 类基金份额的销售服务费年费率为 0.3%。本基金销售服务费将专门用于本基金的销售与为基金份额持有人服务。”也就是说，华夏债券 C 类虽然不收前端或者后端申购费，但收取销售服务费。

2．债券基金如何选择

面对如今越来越多的基金种类，很多人会感到无从下手，对于大多数的新基民来说更是如此。往往这些投资人会参考基金排行榜，选取今年或者近一个月收益靠前的基金进行购买，但是这样购买的基金只代表某一个阶段该基金表现良好，具有一定的偶然性，所以投资人在选择基金时应该从多个角度来进行考量。

■ 同类基金更多比较

很多投资人在查看基金排行榜时，将关注的重点放在基金的收益率上面，只想选择能够给自己带来高收益的基金。但是不同基金由于其投资的品种以及投资的范围不同，收益率自然也是不同的。一般来说，股票型基金风险较高，债券型基金风险居中，保守型基金风险较低，而 3 类基金的收益排行正好相反。

投资人在选择基金时，可以将自己看好的多只同类基金，放在一起从多个角度来进行比较，从而选择具有潜力的基金。现在很多基金网都提供这样的服务，下面以和讯网为例来进行介绍。

Step01 进入和讯网首页（http://www.hexun.com/），在页面上方单击“基金”超链接。

Step02 进入和讯基金页面，单击“基金净值”按钮，也可以单击“排行”

超链接，通过基金收益排行页面来选择对比，这里以基金净值为例。

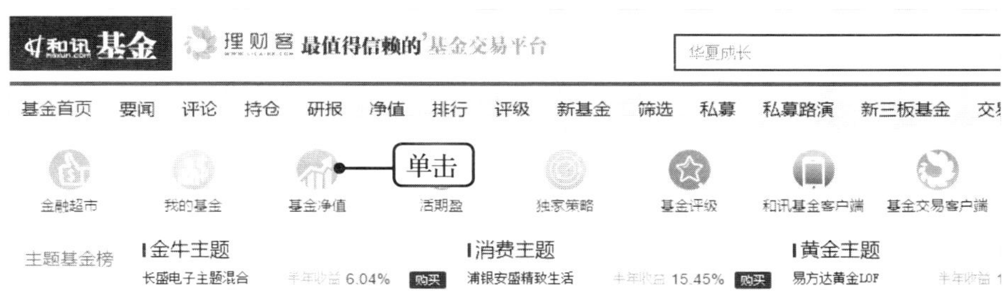

Step03 页面跳转至基金净值页面，单击“债券型”超链接，在基金列表中勾选需要对比基金前的复选框，然后在页面右侧的基金对比栏中单击“比较产品”按钮。

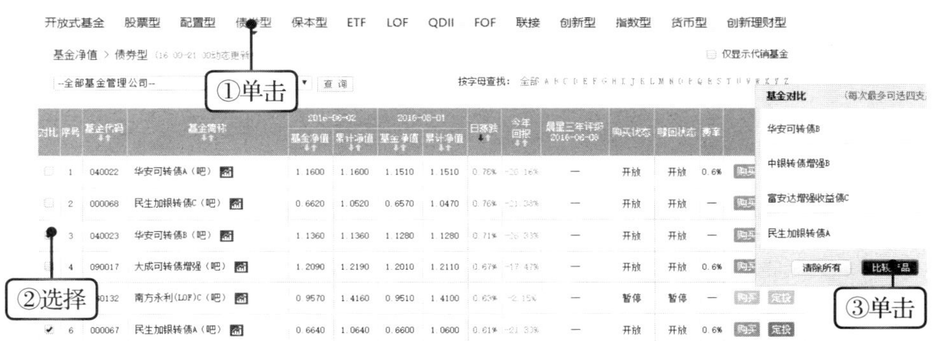

Step04 跳转至基金比较页面，可以看到首先按照基金的数据进行比较，其中有基金净值、基金经理以及基金增长等情况的比较，而每一个比较项目的最优者会高亮显示，方便投资人查看。

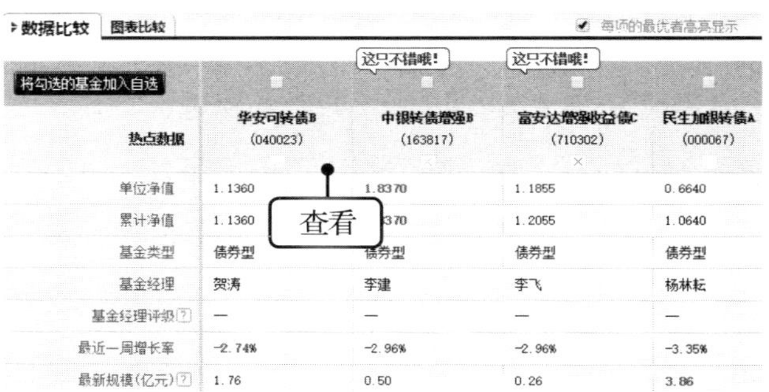

热点数据	华安可转债B (040023)	中银转债增强B (163817)	富安达增强收益债C (710302)	民生加银转债A (000067)
单位净值	1.1360	1.8370	1.1855	0.6640
累计净值	1.1360	[illegible]370	1.2055	1.0640
基金类型	债券型	债券型	债券型	债券型
基金经理	贺涛	李建	李飞	杨林耘
基金经理评级	—	—	—	—
最近一周增长率	-2.74%	-2.96%	-2.96%	-3.35%
最新规模(亿元)	1.76	0.50	0.26	3.86

Step04 除了数据比较之外，投资人还可以单击“图表比较”选项卡，通过图表更清晰地查看各基金的净值走势等发展情况，最终选择适合的基金。

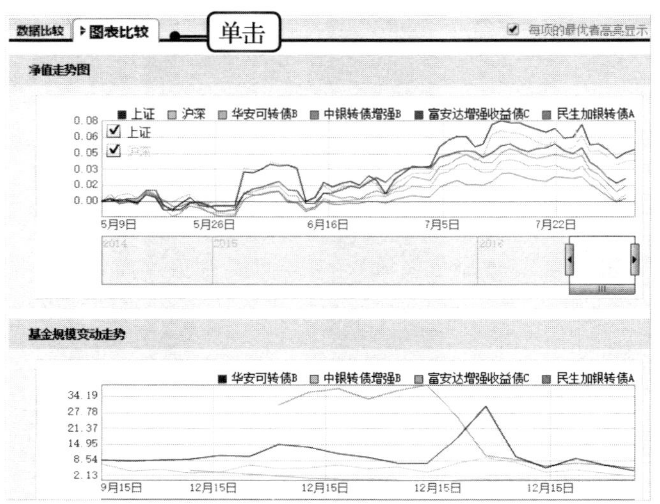

■ 长短期结合查看

很多时候投资人到银行或者证券交易所购买基金，工作人员在了解投资人的投资基金种类之后，一般都会按照近期一段时间收益较好的基金来进行介绍，这个时间一般在半年左右。但是对于基金来说，6 个月的回报率属于短期业绩，很难判断出基金经理的操作能力。投资人可以通过短期业绩来观察基金近期的变化情况，而将基金（如 1 年、2 年）的收益率水平作为选择基金的重要标准。

■ 基金评级多参考

大多数的基民，尤其是新基民都是业余的投资人，缺乏专业的经验，掌握基金信息不够全面，同时对基金的认识也不深入，更不用说对同类基金的专业分析了。此时，投资人就可以充分运用基金评级来帮助自己选择适合的基金。

基金评级是通过专业的基金评级机构收集有关信息，通过科学性的结果，能够在一定程度上帮助投资人规避投资风险并获得收益。例如，中国银河证券基金研究中心、晨星基金评级等。

通常基金评级最高为 5 颗星，最低是 1 颗星，评级越高则反映出该基金公司越可靠。现在很多基金平台都有类似的评级可以使用，例如天天基金网、晨星网以及和讯网等，如图 6-4 所示为天天基金网债券基金评级情况。

代码	简称	相关链接	基金经理	基金公司	5星评级家数	海通证券 2015-10-30	招商证券 2016-04-22	上海证券 2016-06-30	济安金信 2016-03-31
530017	建信双息红利债券	估算图 基金吧 档案	钟敬棣	建信	4家	★★★★★	★★★★★	★★★★★	★★★★★
217018	招商安瑞进取债券	估算图 基金吧 档案	张韵	招商	3家	★★★★★	★★★★	★★★★★	★★★★★
240012	华宝增强债券A	估算图 基金吧 档案	李栋梁	华宝兴业	3家	★★★★★↑	★★★★★	★★★★★	★★★★↑
340009	兴全磐稳增利债券	估算图 基金吧 档案	张睿	兴业全球	3家	★★★★★	暂无评级	★★★★★	★★★★★
485111	工银双利债券A	估算图 基金吧 档案	欧阳凯	工银	3家	★★★★★	★★★★★	★★★★★	★★★★
485114	工银添颐债券A	估算图 基金吧 档案	杜海涛	工银	3家	★★★★★	★★★★	★★★★★↑	★★★★★
590009	中邮稳定收益债券	估算图 基金吧 档案	张萌	中邮	3家	暂无评级	★★★★★	★★★★★	★★★★★
200013	长城积极增利债券	估算图 基金吧 档案	钟光正	长城	3家	★★★★★	暂无评级	★★★★★	★★★★★↑
121012	国投瑞银优化强债	估算图 基金吧 档案	李怡文	国投瑞银	3家	★★★★★	★★★★★↑	★★★★★	★★★★
200113	长城积极增利债券	估算图 基金吧 档案	钟光正	长城	3家	★★★★★	暂无评级	★★★★★	★★★★★↑
630003	华商增强债券A	估算图 基金吧 档案	梁伟泓	华商	3家	★★★★★	暂无评级	★★★★★↑	★★★★★
485014	工银添颐债券B	估算图 基金吧 档案	杜海涛	工银	3家	★★★★★	暂无评级	★★★★★↑	★★★★★

图 6-4　天天基金网债券基金评级

3．债券基金与债券的投资比较

尽管债券基金的大部分资产投资于债券，具有债券的一些特性，但是作为组合债券投资的债券基金，与单一投资的债券存在重要的区别。

■ 债券基金的收益不如债券的利息稳定

投资人购买固定利率性质的债券，在购买之后会定期得到固定利息收入，并且在债券到期时得到本金。但是债券型基金作为不同债券的投资组合，尽管也会定期将收益分配给投资人，但是债券型基金分配的收益有升有降，并不如债券的利息稳定。如图 6-5 所示为工银 14 天理财债券发起 B（485020）2016 年 7 月、8 月的分红部分情况。

除息日	再投资日	分红（元/万份）	再投资日净值(元)
2016-08-03	2016-08-03	0.8223	1.0000
2016-08-02	2016-08-02	0.7382	1.0000
2016-08-01	2016-08-01	0.7472	0.9999
2016-07-31	2016-07-31	1.4856	0.9999
2016-07-29	2016-07-29	0.6897	0.9999
2016-07-28	2016-07-28	0.7159	1.0000
2016-07-27	2016-07-27	0.8802	0.9999
2016-07-26	2016-07-26	0.9625	0.9999
2016-07-25	2016-07-25	1.2004	1.0000
2016-07-24	2016-07-24	1.4489	1.0000
2016-07-22	2016-07-22	0.9075	1.0000
2016-07-21	2016-07-21	0.8129	1.0000
2016-07-20	2016-07-20	0.7413	1.0000

图 6-5 债券的分红部分展示

■ 债券基金没有固定的到期日

债券投资一般都会有一定固定的到期日，例如 1 年期债券、3 年期债券或者 5 年期债券等，债券到期之后兑现资本。但是债券型基金不同，它由一组具有不同到期日的债券组成，因此没有确定的到期日。对于投资人来说，债券基金在持有期限内，可以任意赎回，没有期限限制，但是定期债券除外，例如汇天富 6 月红添利定期开放债券 C（470089），这类基金如债券一样只能够在规定的时间内申购，规定的时间内赎回。如图 6-6 所示，为汇天富 6 月红添利定期开放债券 C 的交易详情。

○ 交易状态

申购状态	暂停申购	赎回状态	暂停赎回	定投状态	不支持
普通回活期宝	支持	极速回活期宝	支持	超级转换	支持
开放申购时间	2016年08月16日15:00~08月19日15:00				
开放赎回时间	2016年08月16日15:00~08月19日15:00				

图 6-6 债券的交易详情

■ 债券基金收益不可预测

前文介绍投资人购买债券可以通过现金流、购买价格以及到期收回本金计算出投资人的收益率以及投资人转卖债券的收益。但是债券基金由不同的债券以及其他金融投资组合而成，所以债券基金的收益率难以预测和计算。投资人申购债券基金时，更多的是通过债券的历史收益率作为参考数据来预测。

■ 债券基金和债券的投资风险不同

债券投资的风险主要来自于信用风险，随着投资到期时间的临近，风险也逐渐降低。但是债券基金由于投资不同的债券，没有统一固定的到期日，只能计算出债券平均到期日，所以债券基金的风险也不会有降低的情况。另外，债券投资比较单一，信用风险比较集中；而债券型基金则不同，分散投资不同债券，降低信用风险。

6.3 投资债券基金注意事项

投资人在投资债券时，对于自己的投资策略、风险认识以及收益预期都需要有一个清晰的认知，才能够在债券投资中做到真正的稳健投资。

1. 债券基金理财技巧

任何投资都具有一定的技巧性，债券基金也不例外。虽然债券基金收益稳定、风险较低，但是在投资的过程中也有一些需要投资人注意的问题。

■ 选择风险合适的债券基金

投资人根据自己的风险承受能力进行的投资才是最好的投资。债券基金根据其风险性从高到低进行排列，依次是可转债基金、二级债券基金、一级债券基金以及纯债基金。

一般情况下，可转债基金在可转化债券的配置上都比较积极，均在90%以上，最高甚至出现180%的情况。可转换债券的收益水平高于普通债券，加上对股票的积极配置，转债类债券基金收益风险水平明显高于纯债类与一级债券基金、二级债券基金。所以，对于风险承受能力较小的投资人来说，可以关注纯债基金、一级债券基金等，对风险承受能力较强的投资人可关注二级债券基金和可转债基金。

■ 选择投资债券基金的时机性

对于债券基金产品来说，市场资金利率下行时，就是投资债券基金的好时机。一般来说，股票市场表现不佳，大盘下跌，宏观经济低迷，市场利率持续下行的市场环境之下，债券市场会渐渐呈现出火爆的情形，这时候比较适合投资债券基金。但如果出现其他的大类资产吸附资金，导致资金从债市持续流出，这时候投资债券基金往往就不太容易获得高收益。

■ 坚持长期投资

债券基金是长期投资的基金理财产品，尤其是在债市后市乐观的情况下，长期持有才能够获得更多的收益。短期的赎回及转换操作除了增加手续费用、降低收益之外，没有任何作用。投资人长期持有债券基金的时间在一年以上。

虽然债券基金比较稳定，很难出现类似股票型基金的起伏情况，然后大量亏损；但是投资人也不能只顾着长期投资，而一味地放长期限，在投资之初就应给自己设置好止盈点。这里长期投资是指投资人观察基金经理的操作水平，是否在自己的预期收益范围之内，在同类基金之中发展情况是否较好。如果不是，趁早放弃转换基金也是另一种收益。

2. 购买基金的省钱方法

对投资人来说，省钱亦是一种收益，所以掌握购买基金的省钱方法就显得很有必要了。其实，购买基金可以从多个方面来“省钱”。

◆ **基金红利再投资：** 投资人在购买基金一段时间后，一般都会获得基金分红。基金公司对红利再投的部分不再收取申购费用，因此投资人用红利购买基金不但能够节省申购费用，还可以发挥复利效应，分红的次数越多，收益差别就越明显。

◆ **灵活转换：** 目前许多规模较大的基金公司可以操作基金转换业务，即在同一家基金公司旗下的不同基金之间进行转换，享受费率优惠。如果投资人同时拥有几只不同基金公司的基金，在进行转化时，需要先操作赎回，再申购另一只基金，一来一回花费大量的成本。在同一家基金公司中进行基金转换，可以省去不少认购和申购费用，甚至有的基金公司不收取基金转换费用。

◆ **申购、赎回时间选择：** 由于基金网上的交易实行 T+1 日的确认规则，投资人一般不要选择周五或者周末购买基金。根据基金网上交易股票基金赎回资金 T+3 日到账的规则，投资人最好选择周一或者周二赎回。

◆ **促销活动时购买基金：** 随着基金品种的日益增加，基金公司为了吸引投资人而推出了各种各样的促销活动，如新基金上市、节假日活动等。在促销活动中经常会出现申购费率打折以及活动抽奖等，此时申购基金能够节省不少的申购费用。

以上提到的购买基金法是根据不同的角度进行探讨，并非适用于所有的投资人。对于投资人来说，根据自己的投资计划，适当地选择优惠方式购买基金，坚持长期投资，才能得到收益回报。

3．投资基金的常见问题

投资基金不同于银行存款，将资金存入银行到期得到利息就可以了。理财是在投资人有了具体投资计划，掌握一定投资技巧之后的投资行为。所以，在投资中难免会遇到各种各样的问题，下面就基金投资中的常见问题做详细分析。

■ **疑问一：基金越便宜越好**

有的投资人存在这样的一个认识误区，认为购买净值低的基金未来的增长空间越大；相反地，够买净值高的基金，买进之后容易在高位被套。其实，低净值的基金不一定就是具有投资价值的基金，主要体现在两个方面。

◆ 基金净值与基金价格

对于开放式基金而言，基金净值就是投资人申购基金的交易价格，而封闭基金的交易价格也是围绕基金净值波动的。基金净值高基金价格就高，投资人拥有的份额就少。这实际上参考意义不大，投资人不需要因为持有的份额多少而进行投资。

◆ 基金净值与投资价值

有的投资人认为基金净值增长到一定程度之后就会开始下跌，从而失去投资价值，基金下跌到一定程度之后就会上涨，即显现投资价值。所以，两相比较之下，选择基金净值较低的基金更具有投资价值。其实，这也是一个认识误区，基金投资的投资价值与基金净值之间并不存在这种反向变动的关系。

在基金投资中，如果一只基金的净值越高，表示这只基金的管理能力越好，这样的基金往往更具有投资价值。基金净值的上涨是以基金投资收益为基础，所以不会出现上涨到一定程度就缺乏上涨动力的情况。

■ 疑问二：抢购新基金

有的投资人在基金投资上总是表现出“喜新厌旧”的情绪，这当然离不开基金公司对新基金的大力宣传，同时购买新基金相比老基金更便宜也是投资人选择的一个原因。但是从投资的角度来看，老基金往往更具有投资优势，比起新基金空白的业绩史，老基金历年的基金收益走势更能够反映一只基金的投资价值。

这里并不是让投资人有意回避新基金，只是投资人不需要一味地求新，这样的投资往往不能够给投资人带来预期收益。新基金与老基金相比较也具有一定的优势，如图 6-7 所示。

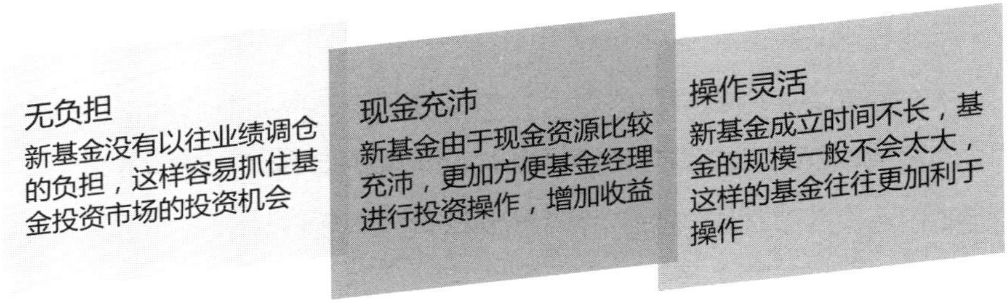

图 6-7　新基金的投资特点

虽然新基金比老基金欠缺投资经历和大资金规模的优势，但是也有其独特的特点。投资人在基金的选择上应更多地考虑基金的投资价值，不要被基金公司的宣传所迷惑。

■ 疑问三：基金分红越多越好

有的投资人认为基金的分红越多，则证明基金经理的投资实力越强，该基金更具有投资潜力，其实不然。基金分红与基金的关系不大，分红只是一种营销手段。

基金分红指的是基金将收益的一部分以现金方式派发给基金投资人，这部分收益原本就是基金单位净值的一部分。所以，投资人实际上拿到的也是自己账面上的资产，这也就是分红当日基金单位净值下跌的原因。

对于部分投资人来说，基金的不断分红给了他们一种落袋为安的感觉，但是如果中间没有分红，可能投资人后期获得的收益会更大。

总之，基金的好与坏不能单纯用基金分红的多少来衡量。因为衡量基金业绩的最大标准是基金净值的增长，基金分红并不是衡量基金业绩的最大标准，追求基金投资的长期收益率最大化才是投资人更应该关注的，分红只不过是基金净值增长的兑现而已。投资人应该选择适合自己需求的分红方式，不要一味地追求分红。

■ 疑问四：排行靠前的基金较好

基金排名在一定的程度上代表了基金一段时间内的盈利能力，基金排名可以作为投资人投资的参考信息。但是这并不意味着排名靠前的基金就一定是发展较好的基金。为了正确地看待基金排名情况，投资人除了看收益排名，还要注意风险排名。投资是要按基金的综合情况，即基金的综合业绩排名情况来综合考量的。

走近纯债基金

纯债基金的投资

纯债基金实战案例

防御为主的纯债基金

纯债基金在开放式债券基金的品种中是比较常见的一种，同时也是风险性最低的一种债券基金。正是由于基金的低风险性，所以在投资中常常以防御为主，获得固定的收益。

7.1 被忽略的纯债基金有什么特别之处

在基金投资中，除了货币基金和风险较高的股票基金外，品种最多的就是债券基金了。在债券基金的投资中，很多时候投资人大多关注收益较高的可转债基金或者混合债券基金，反而忽略了低风险的纯债基金。随着各类投资的起伏变化，纯债基金由于安全性高，又重新回到了大众视野。

1．什么是开放式债券基金

开放式基金是基金发起人在设立基金时，基金单位或者股份总规模不固定，可视投资人的需求，随时向投资人出售基金单位或者股份。同时可以应投资人的要求赎回发行在外的基金单位或者股份的一种基金运作方式。以开放形式运作的债券基金为开放式债券基金。

在开放式债券基金中，根据投资的品种和期限将债券基金分为长期纯债基金、短期纯债基金、混合债券基金、定期开放债券基金、分级债券基金以及可转债基金等。下面来介绍部分不同的开放式债券基金。

■ 纯债基金

百度百科上对纯债基金这样解释：纯债基金就是专门投资债券的基金。确实如此，纯债基金由于只投资于债券，所以具有债券的低风险、稳定性强的特点。但如果纯债基金投资于可转换债券，那这样的纯债基金显然并不纯。因为我们都知道由于可转换债券的转股特点，当可转换债券转换成股票，那么这样在无形之中就增加了投资人投资的风险。毕竟投资纯债基金的投资人，大多数是由于其低风险性。所以，低风险的纯债基金应该没有投资可转债的基金。

前面提到过长期纯债和短期纯债，那么长短期是如何划定的呢？如下所示。

◆ 久期在 397 天以内的只投资债券的基金组合为短期纯债基金。

◆ 久期在 397 天以上的只投资债券的基金组合为长期纯债基金。

■ **混合债券基金**

首先混合基金指的是同时投资于股票、债券以及货币市场工具，没有明确投资方向的基金。其中，大部分资金投资于债券的混合基金为混合债券基金。

混合债券基金相比纯债基金而言，风险较高，因为混合债券基金一般配置了 20% 左右的股票。在债券的投资选择中，多数的混合债券基金投资于可转债。相对地，混合债券基金相比纯债基金收益也较高。

■ **定期开放债券基金**

定期开放债券基金属于半开放式或者半封闭式的债券基金。该基金的主要特点在于定期在某个时间内申购、赎回的债券型基金。

2. 纯债基金有风险吗

很多投资人会有疑问，都知道债券基金风险很低，那么纯债基金投资有风险吗？

在投资中想要规避股市风险的投资人，可以选择纯债基金进行投资。纯债基金的风险非常低，但是也不能说它是百分之百安全的产品，它也存在一定的风险性，在特定的情况之下也可能会出现亏损的情况。纯债基金投资的产品是固定收益性的品种，所以它的风险主要来自于利率风险与价值风险。

首先是利率风险，在市场利率上升的时候，债券基金的收益会降低，这时纯债基金就会受到影响，这也是纯债基金的主要风险之一。一般情况下，市场利率上升会导致纯债基金收益下降，所以投资人在关心纯债基金的利率风险时，可以关注市场利率的变化。

另一个是价值风险，虽然纯债基金投资的都是风险非常低的债券产品，但是在产品中也可能会出现一些垃圾债券。然而这样的债券最后都会出现一些问题，这些问题也会对纯债基金的收益产生一定程度的影响。

例如，基金管理人投资了一种债券，该债券到期之后不能还债，债券出现问题。那么，该债券的价值就贬值了，投资了该债券的纯债基金收益也被影响了。

【提示注意】

垃圾债券一词译自英文 Junk Bond。Junk 指的是旧货、假货以及废品等，之所以将其作为债券的形容词，因为这种投资利息较高、风险较大，对投资者保障较弱。这类债券的信用等级较低，一般为 BB 或以下。

综上所述，纯债基金虽然风险较低，但是也会存在一定的风险性。投资人在进行投资时需要有一个观念，任何的投资都具有一定的风险，所以投资人需要做好承担风险的准备。

3. 纯债基金与货币基金哪个好

稳健型的投资人对货币基金和纯债基金一定不会陌生，同为低风险稳定收益的投资品种经常会被投资人拿来作比较。但是纯债基金与货币基金还是存在差异的。

货币基金与纯债基金相比，货币基金的灵活性更好，风险更低。纯债基金相较而言更适合长期持有，长期持有更能够体现债券基金的优势。纯债基金收益稳定性要略低于货币基金收益，因为纯债基金的收益很大程度上取决于债券利率的走向。

按照目前的市场来看，货币基金收益率在 4% 左右，而纯债基金的收益略高于货币基金，甚至出现 6% 以上的情况。据统计，近 5 年来纯债基金的平均累积收益为 32.96%，大幅高于货币市场基金。但是债券利率走低时，纯债基金也有可能出现轻微亏损的情况。

所以，货币基金和纯债基金是两种不同类型的基金，它们的收益与特征不同，哪一种更好主要看投资人的风险承受能力和预期的收益，只有适合自己的基金才是好的基金。一般而言，货币型基金适合厌恶风险，对资金流动性和安全性要求都比较高的投资人进行短期性的投资。而纯债基金更适合不愿意冒险，追求当期稳定收益的投资人进行长期性的投资。

4．纯债基金——中长期投资的选择

如今越来越多的人开始有了投资意识，与其让闲置的资金放在银行获得为数不多的利息，不如利用闲置的资金来进行投资获得更高的收益。但是很多的投资人都会有这样的苦恼：银行定期存款利率较低，无法实现资金的增值目标，但是安全性高；购买理财产品收益较高，起点金额受限，风险较高。而纯债基金的出现，两全其美地解决了这一难题。

纯债基金无疑是动荡经济形势下防御性较强的投资产品，属于债券型基金，具有债券的低风险、稳定的特点。在经济增速放缓、经济结构调整的大背景下，债市的配置投资价值已逐步显露，债券基金“风险分散、收益稳健”的特征日益凸显，成为投资人优化资产配置、追求稳定收益的佳选。

纯债基金具有分担投资、流动性好及基金净值稳定的特点，是固定收益类投资品种的代表，这类产品的投资往往长期持有收益比较显著，具有以下特点。

- 主要配置债券和反售证券，信用风险及流动性风险较低，投资收益稳定。
- 投资优质债券，整体投资相对分散，有效避免个债发生风险对整体收益的影响。
- 基金公司管理完善，基金经理具备丰富的投资经验，历任基金收益远超同业水平。
- 分红稳定，持有满 30 天不收取赎回费。

7.2 纯债基金的投资怎么做

纯债基金的投资相较于其他类型的基金而言比较简单，但是也具有一些技巧不容投资人忽略，了解这类技巧有助于投资人更好地完成投资。

1. 纯债基金如何筛选

投资人在投资纯债基金之前，首先需要筛选出哪些是纯债基金，再从其中选择适合自己的纯债基金进行投资。如今在很多的基金购买平台进行购买时，平台对债券基金的类型并没有进行详细的划分，这无疑对投资人造成一定的困难，如图 7-1 所示为和讯网的债券基金购买分类。

开放式基金	新发基金								
基金类型：	不限	股票型	混合型	债券型	货币型	指数型	保本型	QDII	
基金业绩：	不限	今年来	近一周	近一月	近三月	近六月	近一年	近两年	近三年
基金公司：	不限	安信基金	宝盈基金	博时基金	长信基金	长城基金	长安基金	财通基金	长盛基金
基金评级：	不限	晨星	海通						
风险等级：	不限	高	中高	中	中低	低			
单位净值：	不限	1元以下	1-2元	2-3元	3元以上				
累积净值：	不限	1元以下	1-2元	2-5元	5元以上				
基金风格：	不限	成长型	平衡型	价值型	指数型	其他			
基金规模：	不限	10亿以下	10亿-30亿	30亿-50亿	50亿-100亿	100亿以上			
成立年限：	不限	不到半年	半年多	1年多	2年多	3年以上			

图 7-1　和讯网基金筛选

从图 7-1 可以看到基金的筛选条件中主要是基金公司、基金评级以及风险等级等条件，并没有债券基金的品种划分。这里介绍天天基金网的基金分类，投资人可以作为参考。

Step01　进入天天基金网首页（http://www.1234567.com.cn/），在页面上方单击“基金排行”超链接。

Step02 页面跳转至开放基金排行页面，在页面中单击“债券型”按钮。

开放基金排行　自定义排行　场内交易基金排行　货币基金排行　理财基金排行　香港基金排行　定投排行　封基折价

热门筛选：近1年且近2年涨幅前50名　近2年且近3年涨幅前50名　展开更多筛选　基金申购费率1折起！　按基金公司筛选：输入基金公司

全部(2990)　股票型(513)　混合型(1320)　债券型(856)　指数型(378)　保本型(160)　QDII(101)　LOF(149)

单击

比较	序号	基金代码	基金简称	日期	单位净值	累计净值	日增长率	近1周	近1月	近3月	近6月	近1年	近2年	近3年	今年来	成立来
□	1	161721	招商沪深30	08-15	0.7850	1	2%	9.94%	11.35%	17.34%	14.93%	-9.70%	---	---	-10.39%	21.87%
□	2	161629	融通证券分级	08-15	1.2110	0.8050	5.30%	8.61%	3.42%	17.92%	21.96%	-22.35%	---	---	-10.02%	-19.63%
□	3	160633	鹏华证券分级	08-15	1.0490	0.6550	5.32%	8.59%	3.35%	17.87%	25.03%	-5.29%	---	---	-9.39%	-34.55%

Step03 此时页面显示全部的856只债券基金，在分类条件后单击“长期纯债”超链接。

全部(2990) 股票型(513) 混合型(1320) 债券型(856) 指数型(378) 保本型(160) QDII(101) LOF(149)

分类：全部 长期纯债 短期纯债 混合债基 定期开放债券 可转债

杠杆比例：全部 0-100% 100%-150% 150%-200% 200%以上

单击

比较	序号	基金代码	称	日期	单位净值	累计净值	日增长率	近1周	近1月	近3月	近6月	近1年	近2年	近3年
□	1	000080	天治可转债A	08-15	1.2230	1.2230	2.09%	3.03%	1.92%	3.47%	-4.68%	-19.06%	23.29%	22.91%
□	2	000081	天治可转债C	08-15	1.2110	1.2110	2.11%	2.98%	1.85%	3.42%	-4.87%	-19.37%	22.70%	21.83%
□	3	000284	富安达信用纯	08-15	1.1546	1.1546	1.87%	2.89%	1.23%	3.15%	-1.86%	-18.73%	7.97%	---
□	4	000285	富安达信用纯	08-15	1.1407	1.1407	1.87%	2.87%	1.20%	3.04%	-2.05%	-19.05%	7.13%	---
□	5	161826	银华中证转债	08-15	0.9890	1.1570	1.75%	2.70%	2.81%	3.67%	0.10%	-13.39%	-4.27%	-2.86%
□	6	165809	东吴转债	08-15	0.9730	0.9190	1.57%	2.31%	2.21%	3.07%	-1.12%	-19.70%	-20.72%	---
□	7	000086	南方稳利1年	08-15	1.0830	1.2790	0.46%	1.88%	4.54%	7.02%	6.91%	12.06%	19.81%	30.57%

Step04 页面中的纯债基金按照日增长率从高到低排列显示，根据排列情况以及历史业绩，单击选择的债券基金超链接。如果投资人想要排除打新股、可转债这类的基金，从而选择风险更低的纯债基金，单击目标基金超链接，进入该基金的信息页面，单击“基金概况”超链接。

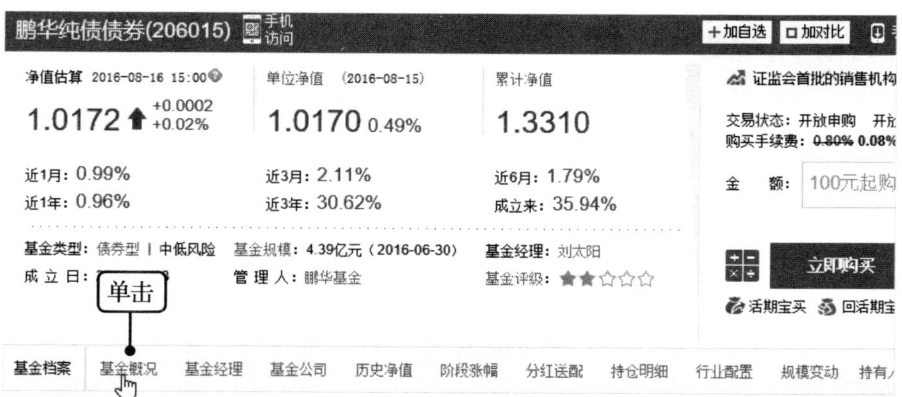

Step05 在基金概况页面，查看基金的投资范围。投资范围写着可以投资股票、可转债的、可以打新股以及定期开放的债券等。

○ 投资范围

本基金的投资范围主要为具有良好流动性的固定收益类品种，包括国内依法发行交易的国债、金融债、企业债、公司债、央行票据、地方政府债、中期票据、短期融资券、可转换债券（含分离交易可转债）、资产支持证券、次级债、债券回购、银行存款以及法律法规或中国证监会允许基金投资的其他金融工具（但须符合中国证监会的相关规定）。本基金不直接买入股票、权证等权益类金融工具，因所持可转换公司债券转股形成的股票、因投资于分离交易可转债而产生的权证，在其可上市交易后不超过10个交易日的时间内卖出。如法律法规或监管机构以后允许基金投资其他品种，基金管理人在履行适当程序后，可以将其纳入投资范围。

通过这样的筛选操作，投资人就能够选择到非常纯，且安全系数较高的纯债基金。

2．一次性投资优于定投

对于纯债基金而言，基金的波动性非常小，所以更适合一次性的投资方式；相反，选择定投意义反而不大。定投更适合股票类型的基金，分批次进场，可以降低投资风险。

但是，如果是刚上班不久的年轻投资人，利用每月结余进行投资，可以选择定投的方式进行。类似于强制储蓄，方便投资人养成投资的习惯，也能够储蓄财富。

例如，广发纯债债券基金，2012 年 12 月 12 日成立，基金的整个收益走势平稳，没有起伏，如图 7-2 所示。

图 7-2 广发纯债债券基金的收益走势

该基金在成立之初基金净值为1元，到2016年8月16日累积净值为1.2120。从2016年1月1日到2016年8月中，该基金的日增长率平均为0.08%，日涨幅最高为0.25%，日跌幅最大为-0.17%，并且有多个交易日增长率为0。

通过以上的案例可以看出，纯债基金的日涨幅变化情况较低，基金比较稳定，所以定投相比一次性投资而言并不能够起到降低风险的作用。相反地，定投会降低一次性投资的收益。

3．红利再投更划算

很多投资人在选择分红方式上面比较矛盾，不知道该选择红利再投还是现金分红。有的投资人认为将纯债基金作为一种长期的投资工具，那么现金分红、落袋为安的方式能够增加自己的投资信心。因为纯债基金一般情况下每个季度至少会有一次分红，经常看到收益入账的话，会使得投资人的投资过程变得很愉快。

不可否认的是，入账的确能够使投资人觉得开心，但是在无形之中却也减少了投资的收益。红利再投的分红方式能够使投资的收益更高，下面以具体的实例来说明。

如果某投资人在广发纯债债券成立之初购买1万份额的基金，花费1万元，如图7-3所示为该基金的分红情况。

除息日	再投资日	分红(元/10份)	再投资日净值(元)
2016-07-18	2016-07-18	0.1500	1.2000
2016-04-15	2016-04-15	0.1000	1.1960
2016-01-20	2016-01-20	0.1900	1.2050
2015-10-26	2015-10-26	0.2500	1.1900
2015-07-17	2015-07-17	0.1500	1.1690
2015-04-01	2015-04-01	0.1000	1.1050
2013-07-10	2013-07-10	0.1500	1.0160

图7-3　广发纯债债券基金的分红情况

该投资人选择的是红利再投的分红方式，那么，该投资人截止到2016年8月16日，投资人所持有的基金份额如表7-1所示。

表7-1　投资人持有的基金份额

时间	10000份额的红利再投后份额
2013年7月10日	10147.64
2015年4月1日	10239.48
2015年7月17日	10371.36
2015年10月26日	10589.25
2016年1月20日	10756.22
2016年4月15日	10846.16
2016年7月18日	10981.74

所以，该投资人目前持有的份额统一赎回可以得到本金和利息一共为：10981.74份额 ×1.2120净值≈ 13309元。

如果该投资人选择的是现金分红，截止到2016年8月16日，该投资人可以得到的现金分红为：150+100+150+250+190+100+150=1090元。

那么，此时投资人将所有的基金赎回，得到的收益为：1090+10000×1.2120=13210元。

通过计算可以看到，红利再投的收益略高于现金分红。同时投资的金额越大，投资的期限越长，分红的优势体现得也就越明显。

4．基金涨幅排名多关注

纯债基金虽然安全性较高，基金一般呈现稳定增长的情况，但是基金增长的幅度多少与投资人的收益有直接的关系。所以投资人应该对基金涨幅的四分位排名情况尽可能多地关注，年度阶段涨幅情况和季度阶段涨幅情况都需要查看。

如果阶段涨幅显示优质或者良好，表示基金发展状况良好，如果偶尔显示一个一般，也没有关系。但是如果基金的阶段涨幅表现不佳，投资人就需要及早做出决定了。例如，海富通纯债债券 C（519060）基金的各阶段收益涨跌幅情况如图 7-4 所示。

	近1周	近1个月	近3个月	近6个月	今年来	近1年	近2年	近3年
阶段涨幅	1.85%	1.73%	3.58%	2.62%	2.42%	2.63%	111.39%	--
同类平均	0.53%	0.93%	2.62%	2.82%	1.23%	3.76%	26.12%	31.89%
沪深300	4.92%	3.58%	10.36%	15.16%	-9.05%	-16.70%	43.75%	46.17%
同类排名	39 | 759	54 | 754	132 | 712	388 | 652	335 | 637	442 | 579	4 | 527	-- | 434
四分位排名	优秀	优秀	优秀	一般	一般	不佳	优秀	--

图 7-4　海富通纯债债券 C 各阶段涨幅

由图 7-4 可以看到，尽管“近 6 个月”、“今年来”和“近 1 年”该基金的阶段涨幅情况不佳，但是该基金短期走势发展良好，在近 1 周、近 1 个月以及近 3 个月的阶段表现为优秀。但是投资人应该将阶段性收益表现的期限拉长来看，如图 7-5 所示为该基金季度性的收益阶段涨幅情况。

	16年2季度	16年1季度	15年4季度	15年3季度	15年2季度	15年1季度	14年4季度	14年3季度
阶段涨幅	0.19%	-0.56%	1.29%	-0.89%	10.79%	12.88%	51.02%	10.99%
同类平均	0.00%	0.00%	0.00%	-0.59%	0.00%	3.29%	3.28%	5.55%
沪深300	-1.99%	-13.75%	16.49%	-28.39%	10.41%	14.64%	44.17%	13.20%
同类排名	408 | 655	451 | 634	539 | 602	424 | 588	43 | 564	8 | 564	19 | 545	22 | 526
四分位排名	一般	一般	不佳	一般	优秀	优秀	优秀	优秀

图 7-5　海富通纯债债券 C 季度涨幅情况

可以看到，从 2015 年 3 季度以来到 2016 年 2 季度，该基金的阶段涨幅情况一直不太理想。该基金四分位排名最好时是 8 名，最低是 539 名，变化幅度较大。

而该基金成立于 2014 年 4 月，所以年度阶段涨幅中只能够查看到 2015 年的阶段涨幅情况。由于该基金初成立时表现优秀，所以，2015 年的年度阶段涨幅综合来看比较优秀。

对于这样的一只基金，虽然之前一段时间内基金表现很不理想，但是近期有回升现象，不过纯债基金比较稳定，不会出现急剧上涨的情况。如果投资人已经持有的时间比较长，希望基金回升得到好的收益，可能性不大。如果投资人近期准备购买该债券的话，可以根据基金近期的表现情况来预估未来一段时间的发展趋势做投资选择。

5．纯债基金中的高风险品种投资

前文提及纯债基金中存在一些纯度并不高的纯债基金。例如，纯债基金中投资可转换债券的基金，由于可转换债券可以转换成股票，所以债券的价格自然受到股票市场的影响而发生变化。相对其他的债券来说，这类纯债基金的投资风险较大。

投资人在投资之前，首先需要确定自己是否能够承受可转换债券带来的投资风险。当然，投资可转换债券的纯债基金，上涨时收益高于普通纯债，但下跌时，其亏损程度也不低。如图 7-6 所示为债券基金的收益排行榜前 10 的债券基金排名情况展示。

比较	序号	基金代码	基金简称	日期	单位净值	累计净值	日增长率	近1周	近1月	近3月	近6月	近1年	近2年	近3年	今年来	成立来	自
□	1	000068	民生加银转债	08-15	0.7010	1.0910	3.39%	6.53%	2.04%	6.37%	3.70%	-23.39%	0.07%	-1.86%	-16.75%	-3.33%	
□	2	000067	民生加银转债	08-15	0.7030	1.1030	3.38%	6.52%	2.03%	6.35%	3.84%	-23.34%	0.54%	-0.99%	-16.71%	-2.37%	
□	3	040022	华安可转债债	08-15	1.2200	1.2200	2.78%	3.92%	1.84%	6.46%	-0.81%	-23.99%	29.65%	16.52%	-22.34%	22.00%	
□	4	040023	华安可转债债	08-15	1.1950	1.1950	2.84%	3.91%	1.88%	6.32%	-0.91%	-24.27%	28.63%	15.13%	-22.50%	19.50%	
□	5	160132	南方永利C	08-15	1.0010	1.4600	2.04%	3.62%	3.62%	7.29%	6.94%	1.83%	34.28%	---	2.35%	44.73%	
□	6	160130	南方永利1年	08-15	1.0060	1.4720	2.13%	3.60%	3.71%	7.48%	7.25%	2.34%	35.39%	48.69%	2.65%	49.59%	
□	7	000004	中海可转债C	08-15	0.8870	1.0970	2.54%	3.38%	0.57%	2.78%	-4.42%	-21.02%	5.98%	6.52%	-16.64%	4.29%	
□	8	000003	中海可转债A	08-15	0.8790	1.0890	2.57%	3.29%	0.57%	2.81%	-4.25%	-21.02%	4.50%	5.46%	-16.52%	3.35%	
□	9	000080	天治可转债A	08-15	1.2230	1.2230	2.09%	3.03%	1.92%	3.47%	-4.68%	-19.06%	23.29%	22.91%	-12.14%	22.30%	
□	10	000081	天治可转债C	08-15	1.2110	1.2110	2.11%	2.98%	1.85%	3.42%	-4.87%	-19.37%	22.70%	21.83%	-12.37%	21.10%	

图 7-6　债券基金收益排行

由图 7-6 可以看到，收益排行前 10 的债券基金大多数是可转债基金。说明可转债基金的收益基本高于普通债券基金。同时也可以发现，在这类收益较高的可转债基金中，它们的净值涨跌变化幅度也较大。而非可转债基金呈现债券基金的特性，整个基金的收益呈现出稳定增长的趋势，例如南方永利 C 和南方永利 1 年基金。下面仍然以海富通纯债债券 C 基金来进行分析。

海富通纯债债券 C 基金，虽然是纯债基金，但是并不像普通纯债一样稳定，在同类基金的排名中也可以看到该基金的变化情况。如图 7-7 所示为该基金的同类基金 3 个月排名走势图。

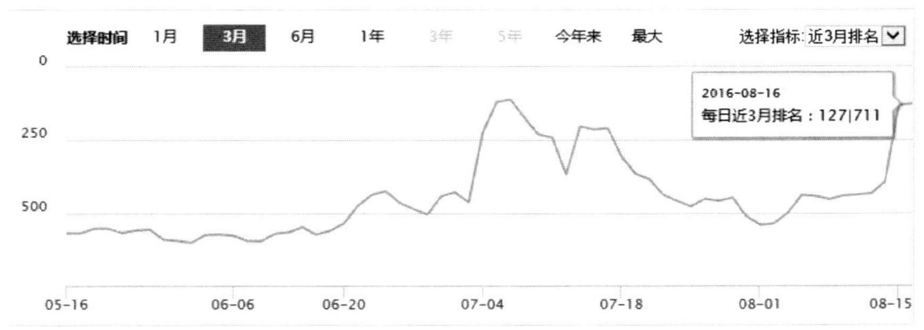

图 7-7　海富通纯债债券 C 基金排名走势

由图 7-7 可以看到，海富通纯债债券 C 基金的排名起伏变化明显，并且变化的程度较大。通过前文的基金各个阶段四分位涨幅排名情况也可以看出该基金的变化情况。

虽然是纯债基金，但是排名走势亦随着股市波动而波动，牛市时排名高，熊市时排名低。这也说明该基金在股市行情好时，收益较高；行情不好时，收益下跌。

此时查询该债券基金的投资情况，如图 7-8 所示为该基金的资产分布情况。

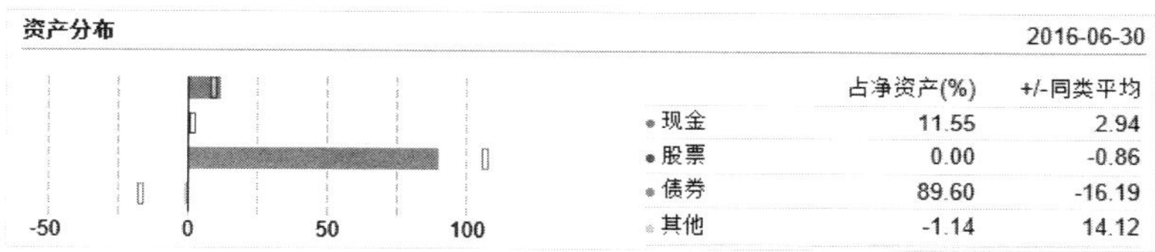

图 7-8 海富通纯债债券 C 基金资产分布

根据资产分布情况可以看到，该基金并没有投资股票市场，是纯债基金，债券占净资产的 90% 左右。然后查看债券投资情况，如图 7-9 所示。

序号	债券品种	占净资产(%)	+/-同类平均
1	国家债券	19.94	16.51
2	央行票据	-	-
3	金融债券	-	-13.66
4	企业债券	26.31	-30.64
5	企业短期融资券	-	-14.43
6	中期票据	-	-14.41
7	可转债（可交换债）	43.34	41.95
8	公司债券	-	-
9	资产支持证券	-	-0.46
10	同业存单	-	-0.62
11	地方政府债	-	-
12	其他	-	-

图 7-9 海富通纯债债券 C 基金债券投资情况

在债券投资情况中，可以看到可转换债券占净资产比例的 43.34%，由于可转债可以转换成股票，所以受股市影响较深。因此，海富通纯债债券 C 虽然为纯债基金，但是收益却并不稳定。

很多投资人投资纯债基金只是单纯地觉得纯债基金风险较低，而忽略了纯债基金中潜伏着的高风险，所以投资人在投资时更需要对纯债基金的投资范围进行查看。

7.3 纯债基金的投资实例分析

纯债基金的投资能够帮助更多渴望低风险的投资人获得稳定收益，通过实际的投资案例分析也能够帮助投资人合理地制订自己的投资方案。

1. 小康之家的增值投资

越来越多收入不错的家庭随着抚养小孩的负担以及养老金计划等压力，开始害怕原本丰厚的收入会缩水。如何保障孩子教育、老人养老以及晚年的退休生活成了这一类投资人关心的重点。

陈先生是一名外贸销售人员，今年 34 岁，每月收入 5700 元，年终分红约为 5 万元，公司缴纳五险一金。妻子是一名教师，今年 28 岁，每月收入 5500 元，年终奖金约 1 万元，学校缴纳五险一金。他们目前和陈先生的父母住在一起，老人 60 岁左右。另外，夫妻二人有一个刚满 1 岁的孩子。

资产方面，夫妻二人目前有定期存款 30 万元，活期存款 20 万元。居住的是一套 3 室 1 厅的电梯公寓，价值在 100 万元左右。公司提供车子使用，日常车辆开支可以报销，但是目前家里没有买任何商业保险。

在开支方面，每个月固定开支 5000 元，除此之外每年会有旅游开支 7000 元左右以及每年健身开支 2000 元，目前并没有贷款。虽然表面并没有什么负担，但陈先生较为担心的是，目前销售行业大不如前，担心未来的收入下降，而且通货膨胀又太快。所以希望通过理财的方式在保障家庭生活水平的同时，能够对小孩教育以及养老等有所支持。但是出于家庭的负担，陈先生并不想进行有较高风险的投资。陈先生家的资产情况如表7-2所示。

表7-2 陈先生家庭资产情况

收入项目	金额	支出项目	金额	余额
月收入	1.12万元	生活月开支	5000元	—
年终奖	6万元	汽车月开支	1000元（报销）	—
定期存款	30万元	旅游年开支	7000元	—
活期存款	20万元	健身年开支	2000元	—
房子	100万元	—	—	—
总额	169.44万元	总额	6.9万元	162.54万元

根据陈先生家的资产状况可以看到，陈先生家属于小康类型，目前并没有太大的负担。孩子还小，教育资金还有几年的时间可以筹备，老人虽然才60岁，但是仍需要尽早开始养老保险计划。

另外，陈先生家里目前没有任何理财产品，他们的理财主要是通过银行存款。但是银行定存，由于通货膨胀的原因，利息较低，所以陈先生有及时调整理财计划的必要。

由于陈先生属于低风险稳健型的投资人，可以承受适当的风险，但是高风险的投资品种并不适合他。在理财之前，陈先生根据其家庭的消费支出情况准备3～6个月的预备资金，这部分的资金需要保障其资金的流动性。所以陈先生可以将活期存款支出 3 万元购买货币基金，货币基金稳定，风险较低，同时收益高于银行活期利息。

然后，陈先生可以将投资分为 3 个部分，根据不同的投资目标，设定不同的投资计划。

■ 保险计划

虽然夫妻二人在各自的单位都有保险，但是两位老人和小孩的保险计划也需要有。目前，很多的保险公司推出小孩成长保险，每年缴纳一定数额的保险费用，到孩子满 18 周岁或者 20 周岁时返还利息和保险金额，作为孩子的教育基金。

由于两位老人年龄较大，一般保险公司没有这种类型的保险，所以陈先生可以根据投资来实现老人的保险计划。由于这部分的资金需要保证其较好的流动性以及安全性，可以考虑购买纯债基金，例如南方聚利 C（160134）基金。

该纯债基金是不含可转债的低风险纯债基金，不受股市变化的影响。其投资范围如图 7–10 所示。

○ 投资范围

本基金的投资范围包括国内依法发行和上市交易的国债、央行票据、金融债券、企业债券、公司债券、中期票据、短期融资券、超短期融资券、次级债券、政府支持机构债、政府支持债券、地方政府债、资产支持证券、中小企业私募债券、可分离交易可转债中的债券部分、债券回购、银行存款(包括协议存款、定期存款及其他银行存款)、货币市场工具以及经中国证监会允许基金投资的其他金融工具,但需符合中国证监会的相关规定。本基金不直接从二级市场买入股票、权证、可转债等,也不参与一级市场的新股、可转债申购或增发新股。如法律法规或监管机构以后允许基金投资其他品种,基金管理人在履行适当程序后,可以将其纳入投资范围。

图 7–10　南方聚利 C 基金的投资范围

该基金投资范围包括国债、央行票据以及企业债券等。虽然投资可分离交易的可转债，但是投资的是可转债中的债券部分，也不会影响可转债申购或增发新股。所以，该纯债基金是比较纯的债券基金，收益稳定。查看该基金 2016 年 8 月的走势，可知其近 1 年收益为 7.67%，表现良好。

■ 教育计划

由于陈先生的孩子目前才 1 周岁，距离上学还有一段时间，并且小学和初中属于义务教育阶段，教育金额并不高，主要是大学教育金以及毕业创业金。所以陈先生准备的教育金可以将时间线拉长，以便有充足的时间来预备教育金。

构建中长期的投资组合，并且使得整个组合能够获得稳定增长，陈先生可以考虑以下的投资组合，如图 7-11 所示。

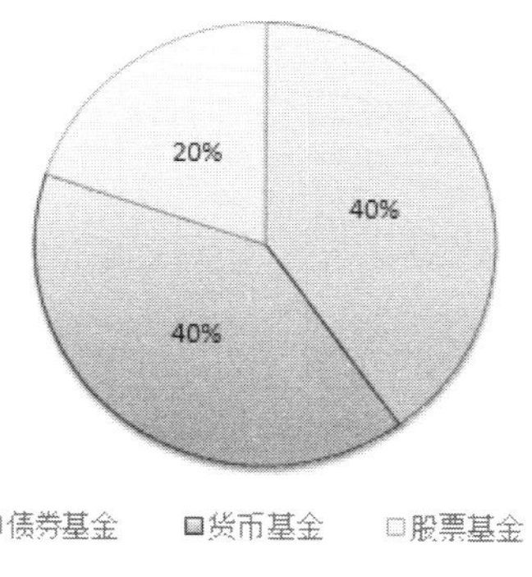

图 7-11　基金投资组合比例

在组合中配置了 40% 的债券基金和 40% 的货币基金，使整个组合保持稳定，不会出现太大的亏损。然后配置了 20% 的股票基金，以便有获得高收益的可能。

对于货币的基金选择差别不是很大，因为货币基金投资于货币市场，不会受到股市大盘走势的影响，所以根据收益、同类基金排名情况以及基金经理等综合因素来选择就可以了。

债券基金可以配置纯债基金，例如鹏华纯债债券（206015）基金和中加纯债一年 C（000553）基金，两只基金分别占比 20%。

虽然鹏华纯债债券基金是纯债基金中风险较高的含有可转债的基金，

但是相比股票基金而言风险较低，投资的风险程度也在中低水平。而且就整个投资组合而言，保持平衡可以承受适当的风险，获得高收益。稳健的投资组合并不意味着就是低风险和低收益的组合。查看该基金收益走势发现，虽然略低于同类平均值，但是整体走势比较稳定，具体如图7–12所示。

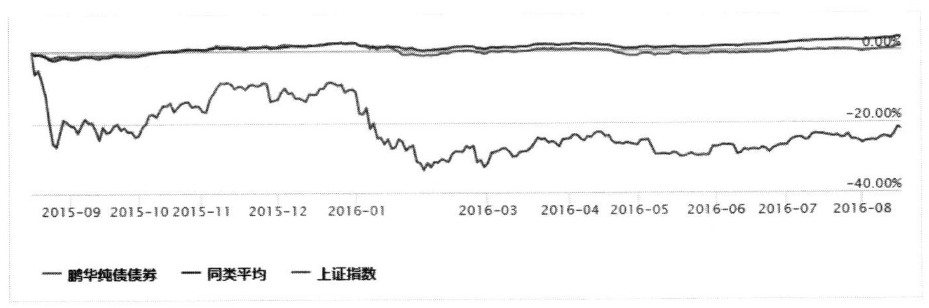

图 7–12　鹏华纯债债券基金累计收益走势

中加纯债一年 C 基金是非常典型的纯债基金，基金投资也只投资于债券市场，收益稳定且在同类基金中表现优秀，如图 7–13 所示为该基金在各阶段的涨幅情况。

	近1周	近1月	近3月	近6月	今年来	近1年	近2年	近3年
阶段涨幅	0.63%	1.72%	3.40%	4.83%	5.10%	10.45%	26.45%	--
同类平均	0.41%	1.31%	2.87%	3.30%	3.27%	5.82%	19.46%	26.56%
沪深300	3.72%	3.11%	9.14%	11.24%	-9.45%	-17.07%	43.11%	46.62%
同类排名	44 | 241	51 | 233	72 | 214	22 | 184	21 | 176	12 | 151	23 | 123	-- | 63
四分位排名	优秀	优秀	良好	优秀	优秀	优秀	优秀	--

图 7–13　中加纯债一年 C 基金各阶段涨幅情况

股票型基金可以根据基金收益排行榜结合历史收益走势情况等来进行选择。因为股票型基金的风险较高，所以在投资时可以选择多只基金进行投资，分散资金，降低投资风险。但是数量不要太多，否则会影响投资，一般一个基金组合中的基金数量在 5 ～ 7 只较好。

■ 养老计划

虽然陈先生夫妻两人已经购买了养老保险，但是随着通货膨胀速度的加剧，不得不准备养老计划，以免生活水平受到影响。根据陈先生家的资产状况配置如图 7-14 所示的基金组合。

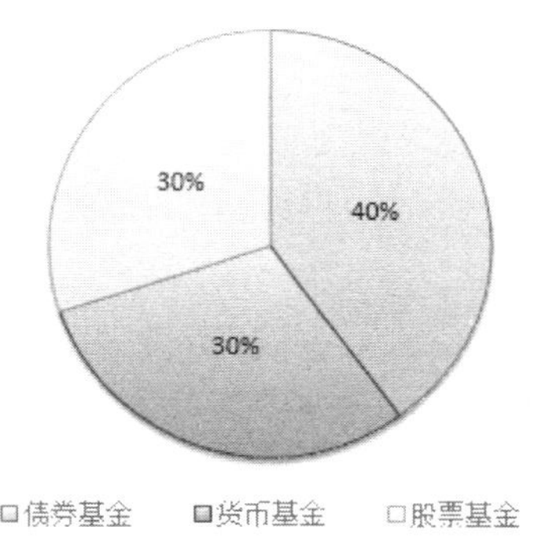

图 7-14　基金组合比例配置

在养老计划的组合配置中，可以增加高风险投资品种的比例，使股票基金的比例增加到 30%，货币基金的比例适当调整至 30%，保持债券基金的比例不变。

债券基金在选择纯债基金时，将含有可转债的纯债基金和不含可转债的基金比例调整至 10% 和 30%，这样整个投资组合的风险依然保持在一个较低的程度。

2．杨先生的旅游计划

随着经济水平的提高，外出旅游已经成为时下很多人放松自己以及交友的方式。下面案例中的杨先生也是一位旅游达人，他希望能够通过投资实现自己的旅游计划。

杨先生今年 27 岁，从事 IT 行业，目前在上海工作。杨先生是一位旅游达人，大学期间就曾在放假时从上海骑行到西藏，一路旅游并体验户外生活。今年年底，杨先生预备和女朋友一起去威尼斯，预计自己的花费在 1 万～ 1.5 万之间。

杨先生如今每月工资 1.2 万元，公司提供住宿。每月开支 3000 元左右，其他娱乐、学习每年在 1.5 万元左右。工作几年，目前杨先生存款有 25 万元。

根据杨先生的情况，可以计算杨先生的资金情况如下所示。

年收入：1.2×12=14.4（万元）

年支出：3000×12+1.5=5.1（万元）

年可支配的资金：14.4 － 5.1=9.3（万元）

由此可见，杨先生的收入水平在年轻人中算良好的，另外支出的情况也不多，年可支配的收入为 9.3 万元。虽然直接用于旅游花费也已经足够，但是通过投资还可以获得更高的收益。杨先生的车可支配资金加上存款 25 万元，实际年可支配资金在 34 万元左右。

根据杨先生的情况可以构建如图 7-15 所示的基金投资组合。

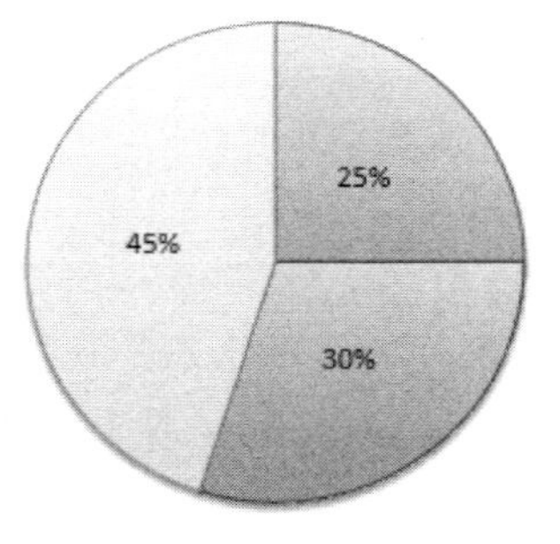

图 7-15 基金投资组合比例

杨先生的整个基金组合仍然以稳健为主，所以有 30% 的货币基金以及 45% 的债券基金。这里的债券基金主要以定期债券基金产品为主，距离杨先生年底出去旅游的时间还有 9 个月，所以也可以选择 3 ~ 9 个月的短期债券基金投资。除此之外，配置了 25% 的高风险高收益股票基金。

在定期债券基金选择时，可以选择短期纯债基金。这类基金产品主要投资于固定收益产品，属于纯粹的债券投资，不以任何形式参与股票类资产，不受股票市场波动影响，具有风险较低、收益稳定的特点。在整个投资组合中配置这类的债券基金可以使整个组合更稳定。目前的短期纯债基金较少，一共只有 7 只，如图 7-16 所示。

全部 长期纯债 短期纯债 混合债基 定期开放债券 可转债

全部 0-100% 100%-150% 150%-200% 200%以上

序号	基金代码	基金简称	2016-08-17		2016-08-16		日增长值	日增长率	申购状态	赎回状态
			单位净值	累计净值	单位净值	累计净值				
1	000129	大成景安短融债券B 估值图 基金吧	1.2120	1.2120	1.2119	1.2119	0.0001	0.01%	暂停	开放
2	000128	大成景安短融债券A 估值图 基金吧	1.2004	1.2004	1.2003	1.2003	0.0001	0.01%	限大额	开放
3	002086	大成景安短融债券E 估值图 基金吧	1.2015	1.2015	1.2015	1.2015	0.0000	0.00%	限大额	开放
4	070009	嘉实超短债债券 估值图 基金吧	1.0396	1.3534	1.0397	1.3535	-0.0001	-0.01%	限大额	开放
5	000084	博时安盈债券A 估值图 基金吧	1.1210	1.1570	1.1220	1.1580	-0.0010	-0.09%	限大额	开放
6	000085	博时安盈债券C 估值图 基金吧	1.1090	1.1410	1.1100	1.1420	-0.0010	-0.09%	限大额	开放
7	200017	长城岁岁金 估值图 基金吧	---	---	---	---	---	---	暂停	暂停

图 7-16　短期纯债基金

其实在很多比较发达的金融市场，投资人都会将短期闲置的资金投资于短期债券基金。投资债券市场与股票市场相比较，风险大为降低，但同时又高于同期货币市场基金的收益。更重要的是，这笔资金对于杨先生而言可能在年底会被用到，所以需要流动性强。短期纯债基金没有期限限制，所以流动性更高。

短期纯债基金具有债券收益稳定的特点，如图 7-17 所示为短期纯债大成景安短融债券 A（000128）的收益走势。

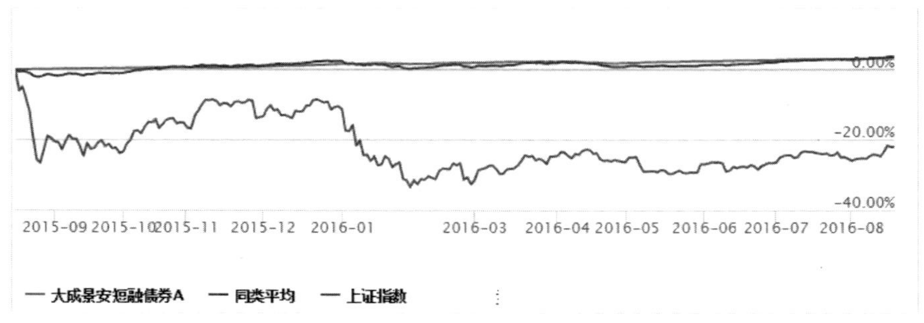

图 7-17 大成景安短融债券 A 基金收益走势

一般而言，风险较低的投资工具，其回报率往往也比较低，正如前文提到的和股票基金相比，短期债券基金具有低风险，同时投资回报也会较低。但是在基金组合中可以配置这类比较稳定的投资工具，来平衡整个基金组合的风险。

另外，债券基金也可以选择中长期纯债基金，例如博时安怡 6 个月（002625）基金或者博时双月薪定期支付债券（000277）基金等。这里以博时双月薪定期支付债券基金为例进行介绍，如图 7-18 所示为该基金的各阶段涨幅情况。

阶段涨幅　季度涨幅　年度涨幅　运作期收益　下载手机版，随时查看阶段涨幅　截止至 2016-08-12　更多>

	近1周	近1月	近3月	近6月	今年来	近1年	近2年	近3年
阶段涨幅	1.14%	2.72%	5.81%	7.17%	6.63%	14.01%	33.84%	--
同类平均	0.30%	1.29%	2.85%	3.24%	3.26%	5.78%	19.45%	26.54%
沪深300	4.00%	2.95%	9.30%	10.11%	-9.59%	-17.28%	42.89%	46.39%
同类排名	10 | 241	10 | 233	3 | 214	1 | 184	1 | 176	1 | 151	4 | 123	-- | 63
四分位排名	优秀	优秀	优秀	优秀	优秀	优秀	优秀	--

图 7-18 博时双月薪定期支付债券基金各阶段涨幅情况

可以看到基金近 1 年的收益达到 14.01%，在同类基金中排名靠前，表现优秀，同时该基金的收益整体呈现出一个稳定上升的情况，所以风险较低，收益稳定。如图 7-19 所示为该基金 2015 年 8 月～ 2016 年 8 月的收益走势图。

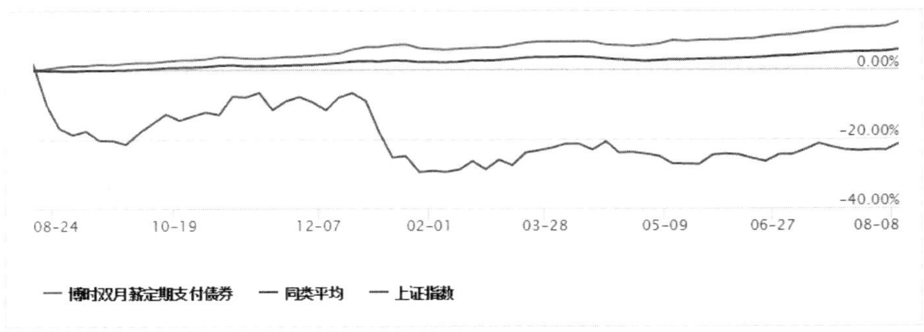

图 7-19　博时双月薪定期支付债券基金收益走势

在债券基金的 45% 比例中，除了可以配置短期纯债基金或者长期纯债基金来保持组合稳定性之外，也可以适当地配置风险稍高的混合型债券基金，比例可以占到 15% ~ 20% 之间。由于配置了 30% 的货币基金，所以虽然加入了混合型债券基金，但是整个组合的风险仍然趋于较低程度，也能够为组合提高收益的可能性。这里以兴业收益增强债券 A(001257) 基金为例进行介绍。

兴业收益增强债券 A 基金属于比较激进型的债券基金，风险程度明显高于纯债基金，从基金的资产配置情况可以看到，如图 7-20 所示。

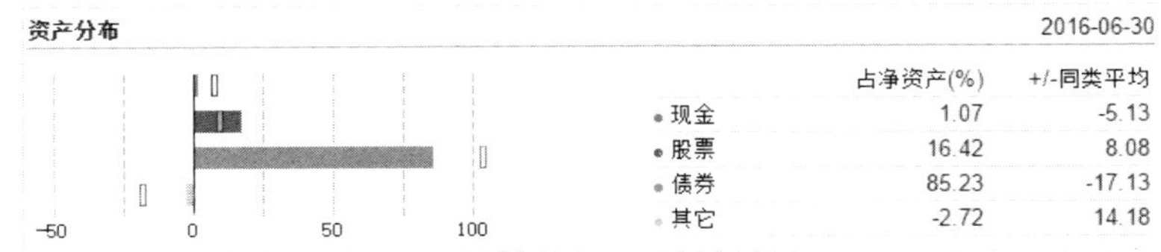
资产分布　2016-06-30

	占净资产(%)	+/-同类平均
现金	1.07	-5.13
股票	16.42	8.08
债券	85.23	-17.13
其它	-2.72	14.18

图 7-20　兴业收益增强债券 A 基金资产分布情况

由图 7-20 可以看到，该基金配置了 16.42% 的股票，所以基金受股市影响，收益变化较大，如图 7-21 所示为该基金 2016 年 2 月 ~2016 年 8 月的收益走势图。

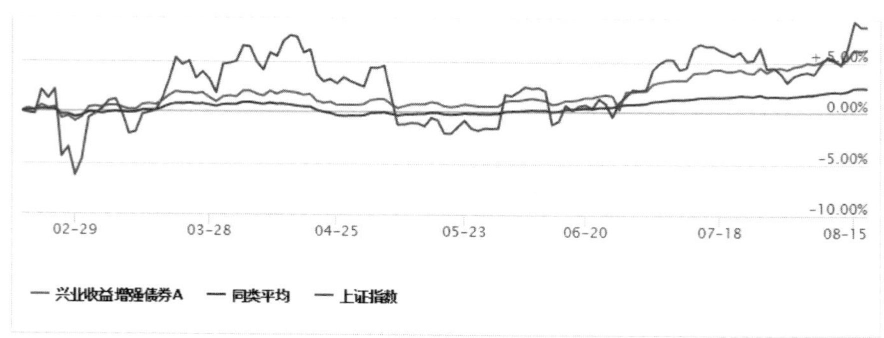

图 7-21　兴业收益增强债券 A 基金收益走势

由图 7-21 可以看到，该基金收益走势明显有别于纯债基金，起伏变化明显。也能够从图中看到虽然基金收益并不稳定，但是整体仍然呈现出一个上涨的趋势，说明该基金表现良好，可以考虑投资。

对于组合中的货币基金和股票基金的选择，也和前面介绍的一样，主要从基金的历史业绩、排名情况、评级情况以及未来的发展趋势等综合指标选出适合的基金。

认识分级债券基金

分级债券基金投资

投资实例分析

固定收益的分级债券基金

虽然分级债券基金在投资运作上无异于一般的债券基金，但是分级债券基金对权益做了分割，按照一定的策略分配给子基金，从而形成了 A、B 两类。投资人可以根据自身的风险承受力选择适合自己的品种进行投资。

8.1 分级债券基金的全方位认识

> “一只基金，两种选择”是分级债券基金的特性。这样的特性给了投资人更大的选择空间，也给追求更大收益的投资人带来了福音。

1．分级债券基金的初印象

在学习分级债券基金之前，很多投资人并不了解什么是分级产品。分级产品即将产品分为优先和普通级别，一般为 N ：1，优先级收益人一般享有固定且较低的收益，通常在 5% ~ 6% 之间，普通级收益人享受其剩余的所有收益。分级一般有以下 3 个特性。

◆ 只要组合收益大于需要给到优先级收益人的收益，则普通级收益人可以获得高于组合平均收益的收益。

◆ 如果收益低于优选级收益，普通级收益人需要拿出自己的那部分收益，甚至是本金，以此来保障优先级收益人的收益。

◆ N 越大，普通级收益人的风险和收益也越大。

由于分级债券基金对权益做了分割，所以形成了 A、B 两类。分级债券基金中的 A 类份额是低风险份额，类似于固定收益产品；而分级债券基金中的 B 份额由于使用了杠杆，风险比较高，但是同时也能够取得较高的收益。

投资人需要了解的是，无论基金如何分级，所有的收益都来源于母基金，基金公司不会因为分级而承担亏损。在市场较好时，高杠杆部分产生的超额收益是产生于 A 份额；在市场下跌时，A 份额的固定收益则来源于

B 份额的超额损失。

另外，高杠杆的 B 份额都是净值越低，杠杆越高，从而投资风险也就越大；净值越高，杠杆越低。换言之，高杠杆是源自于对 A 份额的资金借贷，净值越低，借贷部分的比例就越高，杠杆也就越大。

根据产品的结构不同，可以将分级债券基金进行分类，不同分级机制下的 A、B 份额投资人所面临的风险收益也有比较大的差异，具体的分类情况如下所示。

■ 固定杠杆封闭式分级债券基金

这一类的分级债券基金有固定的到期时间，封闭期一般在 2 ~ 5 年之间，并以 3 年期居多，到期后一般自动转为债券型 LOF 产品。两类份额分别上市交易，但不具有合并、分拆机制。由于运作期内无法通过赎回兑现本金和收益，流动性相对较差，因此二级市场上一般会产生折价，整体折溢价波幅大于可配对转换品种。例如，富国汇利回报分级债券（161014）基金。

■ 固定杠杆开放式分级债券基金

这一类的分级债券基金无固定到期期限，两类份额合并募集，分别上市交易，可进行合并、分拆处理，与目前股票型分级基金的主流运作模式相同。例如，嘉实多利分级债券（160718）基金。

■ 可变杠杆半开放式分级债券基金

该类分级债券基金也有固定的到期时间，到期后一般自动转为债券型 LOF 产品，但两类份额分开募集。稳健类份额定期开放申购赎回，但不上市交易；激进类份额上市交易，但不可申购赎回。大部分半开放产品只有在基础份额年收益超过 4% 时才能实现本金安全，超过 6% 时才能使激进类份额收益战胜基础份额收益。这是当前债券型分级基金的主流运作模式，包括天弘添利、富国天盈、万家添利、博时裕祥、长信利鑫、鹏华丰泽、诺德双翼、天弘丰利、金鹰持久回报、中欧信用增利、信诚双盈和银河通利等。按照各半开放型债券型分级基金的开放日期，这类产品已经迎来了集中开放期。

2．分级债券基金的风险反方向

通过认识分级债券 A、B 份额，可以知道 A 为固定收益部分，B 为浮动收益部分，风险较大。B 份额为分级债券进取部分，这部分操作了杠杆机制，杠杆在放大分级债券基金收益的同时，必然也会放大投资的风险。

例如，组合基金以 2 ： 8 的比例分配在进取账户和优先账户。组合基金的收益为 5% 时，优先部分和进取部分的收益率相同，都为 5%；组合基金的收益率小于 5%，此时进取部分的基金价格承受较大的投资风险。以具体的数值来计算，如此时组合收益为 −5% 时，优先部分的收益保持 5%，而进取部分的收益达到 −45%；如组合收益为 15% 时，优先部分的收益保持 5%，而进取部分的收益达到 55%。

从分级债券基金的性质来看，由于分级债券基金存在杠杆，所以往往分级债券基金上涨时速度较快，跌时速度并不慢。并且大多数的基金公司为了吸引投资人，A 类份额的约定收益一般在 4.5% 左右，同时 B 类份额还需要承担 A 类的管理费用和托管费用。如此算来，分级债券基金的整体收益需要达到 6% 以上，进取部分才有超额收益的可能。

对于普通投资人而言，首先需要选择合适的杠杆。现在分级债券基金的杠杆比例最低约为 1 倍，高的则达到了 4 倍。随着杠杆比例的提高，预期的风险也随之增加。另外，从投资的范围进行划分，侧重资金安全的投资人可考虑一级债券基金，这类债券基金不能主动投资股票二级市场。

最后投资人需要注意的是，虽然 A 级份额约定收益较高有投资价值，但从风险的角度来看，这个收益率也只是约定，基金管理人通常并不承诺或保证期满时 A 级份额持有人获得约定的收益。即如果出现极端情况，如 B 级出现大幅亏损，A 级仍可能面临无法取得约定应得收益乃至投资本金损失的风险。

所以，投资人选择分级债券基金的进取部分还是优先部分，关键在于投资人的风险承受能力。而投资人是否选择投资分级债券基金的高风险份额，关键在于投资人是否看好债市表现。

3. 分级债券基金 A 份额——低风险投资人的选择

分级债券基金 A 份额风险较低，比较适合追求固定收益以及低风险的投资人。但是尽管分级债券基金 A 份额风险较低，在不同的分级制之下，风险仍然会有区别，适应的投资人也会有所不同。

■ 固定杠杆开放式与封闭式分级债券基金 A 份额

固定杠杆开放式与封闭式分级债券基金的 A 份额期限相对较长，分为 1 年、3 年和 5 年，存在折溢价交易风险，如图 8-1 所示为中欧鼎利分级债券 A（150039）基金信息。

○ 基金分级信息

母子基金	166010（母）150039 150040（子）	是否配对转换	是
是否转LOF	否	封闭期	无
提前结束条款	无		
定期折算日	自基金合同生效日次日始至满三年的最后工作日止		
不定期折算条件	鼎利B份额的份额净值小于或等于0.300元		
固定收益份额年化收益率	一年期定期存款利率+1%		
亏损临界点	无		

图 8-1　中欧鼎利分级债券基金分级信息

另外，A 的收益取决于约定收益和折溢价率变动带来的损益。由于 A 份额在二级市场交易，其价格涨幅除了依赖约定收益率，还受到折溢价率的影响。若 A 份额的折价率收窄，A 份额的价格涨幅将高于其约定收益率；反之，A 份额的价格涨幅则低于其约定收益率，甚至可能出现下跌。

最后，A 的折价率变动依赖于到期的折算方式。分级债券基金到期折算方式分为转为 LOF 基金和展期两种。对于采用 LOF 折算的 A 份额，到期依据份额的净值，将其折算成 LOF 债券基金。随着到期折算的临近，A 份额的价格也将趋近于其净值。这种类型的 A 份额类似于有限存续期债券，比如富国汇利 A、大成景丰 A 等。若 A 份额采用展期方式，A 份额的约定收益折算成母基金，而 A 份额本身仍在二级市场交易，存在继续折溢价交易的可能，因而其交易价格并不一定趋近于其净值。这类稳健份额类似于无限存续期的浮息债券，比如嘉实多利优先。

■ 可变杠杆半开放式基金份额

对于可变杠杆半开放式基金的 A 类稳健类份额，投资人主要获取约定收益率，且其期限相对较短，适合进行短期滚动理财。目前该类型 A 份额折算周期分为 3 月和 6 个月两种，期限相对较短，其约定收益率均高于 1 年定存利率。如图 8-2 所示为长信利鑫分级债券 A（163004）基金信息。

○ 基金分级信息

母子基金	163003（母）150042 163004（子）	是否配对转换	否
是否转LOF	是	封闭期	5年
提前结束条款	无		
定期折算日	每满6个月的最后一个工作日		
不定期折算条件	无		
固定收益份额年化收益率	1.1×一年期定期存款利率+0.8%		
亏损临界点	无		
保收益临界点	无		
超额收益临界点	无		

图 8-2　长信利鑫分级债券 A 基金的分级信息

可变杠杆半开放式基金的A类份额不上市交易，不存在折溢价率风险。从目前可变杠杆半开放式分级债券基金设计来看，投资人认购（或申购）A类份额之后，进入封闭运作期，且不上市交易。在折算周期期满，A份额开放一次申赎，投资人可以兑现其约定收益率。

另外，A份额仍承担一定的风险。A份额是以B份额的净值为限进行有限担保，其风险依赖于母基金的表现和A、B份额的配比。

总的来说，低风险份额A适合对现金流动性要求不高但厌恶风险的投资人。相对而言，可变杠杆半开放式债券基金A份额由于免除了折溢价的风险，整体的安全边际较高。无论是哪种类型的分级债券基金，A份额都为投资人提供了相当于银行短期理财产品的丰厚回报，尽管仍需承担一定的风险，但迄今为止尚未发生一起约定收益未能兑现的风险事件。

4．分级债券基金B份额——激进型投资工具

由于杠杆效应的操作，分级债券基金B份额受到较多投资人的关注，但是与之相对应的投资风险也是投资人不可忽视的。

首先，B份额的净值收益主要是通过母基金的净值增长、杠杆水平以及融资成本而来。因为分级债券基金的B份额是以约定收益率向A份额融资，进行母基金的投资，因而母基金净值增长率是激进份额收益的源泉。净值杠杆提高了B份额的获利能力，同时增大了可能损失的幅度。

其次，B份额的折溢价率取决于母基金的运作能力、封闭期限等因素。对于固定杠杆封闭式分级债券基金而言，母基金的获利能力影响着B份额的折溢价率。如果基金管理人的投资管理能力突出，能够取得超越市场平均收益的超额收益，那么B份额在杠杆效应下可能会溢价交易，反之则可能会折价交易。另外封闭期限越长，基金未来收益的不确定性就越高，基

金可能呈现折价交易。

对于固定杠杆开放式分级债券基金而言，低风险 A 和高风险 B 的折溢价率的关系为：A 份额的折价率越高，B 份额的溢价率就越高。高风险份额的短期高溢价率是导致低风险份额高折价率的重要原因。场内外配对转换机制，必然会使得分级基金的两个份额折溢价按照配比达到一个均衡。

另外，对于想在二级市场波段交易分级债券基金的投资人来说，需要考虑由于流动性不足可能带来的冲击成本。因此，投资人在选择分级债券基金时需要规避流动性较差的品种。

从整体来看，分级债券基金的 B 份额由于具备了杠杆效应，适合激进型的投资人完成以小博大的投资。但需要提醒投资人的是，杠杆对于损失同样具有放大效应，特殊的流动性风险也使得投资 B 份额充满了不确定性。

5．分级债券基金的收益分配

分级债券基金最吸引人的地方在于 A 份额基金约定收益，保障低风险型投资人的收益追求；而 B 份额基金杠杆操作放大资金，扩大收益，又符合追求高收益的投资人群。那么，分级债券基金的收益具体是如何进行分配的？下面以具体的实例来说明。

某基金公司发行一只分级债券基金，甲乙两个投资人分别购买 A 份额基金和 B 份额基金，甲认购 7000 元，乙认购 3000 元。其中，每 1 元对应 1 份基金份额，这样该基金就募集到了 1 万元资金。在理想的情况下投资，不考虑基金的认购费用、申购费用以及管理费用等。在基金成立之后，基金经理按照基金合同将基金资产 1 万元主要投资于债券资产，并约定收益分配合同，如下所示。

（1）如果基金发展良好，给甲投资人的预约收益为“一年期定期存

款利率 +1.1%”，剩余的收益全部归乙投资人所有。

（2）如果基金发展不好不够分配，基金所得的收益全部分配给甲投资人，乙投资人的收益为零。

在这样的分配机制下，出现几种不同的收益分配情况。

（1）如果一年后，该分级债券基金投资产生了 500 元的收益，即收益率为 5.0%。此时，如果一年期定期存款的利率为 3.5%，则根据基金收益分配合同。

甲的收益率 = 一年期定期利率 +1.1%=4.6%

甲的收益 =7000×4.6%=322（元）

此时，乙的收益由两部分组成，不仅自身投资 3000 元本金获得了 5.0% 的收益 150 元，还有甲投资人 7000 元投资带来的剩余收益：7000×（5.0%−4.6%）=28 元。这 28 元对应 3000 元本金的收益率为 0.9%。所以，乙投资人的总收益率为：5.0%+0.9%=5.9%。

（2）如果 1 年后，该分级债券基金投资组合收益为 460 元，即收益率为 4.6%，一年期定期的存款利率为 3.5%。

此时，甲的收益率依然为 4.6%，322 元；乙的收益率为 4.6%，138 元。

（3）如果 1 年后，该分级债券基金投资组合只产生了 322 元的收益，即收益率为 3.22%，则一年定存收益率为 3.5%。

甲的收益率仍然为 4.6%，322 元。此时，已经没有剩余的收益分配给乙投资人了，所以乙的收益率为 0。

（4）如果 1 年后，该分级债券基金投资组合产生了 300 元的收益，即收益率为 3.0%，则根据基金收益分配合同：

甲的收益率为 300÷7000=4.2%，得到全部的收益 300 元，而乙的收益率仍然为 0。

以上是分级债券基金的收益分配形式，由此也可以清晰地看出 A 份额基金的低风险以及稳定性，而 B 份额基金高收益的同时，也意味着较大的风险。

8.2 分级债券基金投资须知

分级债券基金和一般债券基金有明显的不同，投资人在投资之前需要对分级债券基金多做了解，明白分级债券基金的不同之处，以帮助自己更好地进行投资。

1. 分级债券基金具有的独特投资特点

通常分级债券基金如果是开放式运行，那么投资人可以像投资普通基金一样在场外进行申购和赎回，但是如果分级债券基金是通过封闭式方式运行，基金上市之后投资人只能在二级市场进行买卖。另外，封闭式债券基金都会存在一个固定杠杆的封闭期限，通常是在 3 ~ 4 年，在封闭期结束后常常转换为上市型开放式债券基金。这样一来，相比其他基金，分级债券基金具有其独特的投资特点，如下所示。

- **多样化的投资需求**：经过了解知道分级债券基金分为 A、B 两个份额，A 份额适合保守型、低风险，追求稳定收益的投资人；而 B 份额适合进取型、高风险以及追求高收益的投资人。正是这种特性，使得其适合多种投资风格的投资人。
- **流动性好**：部分分级债券在基金合同生效的 3 个月之后，A 份额和 B 份额分拆后同时在交易所上市；部分分级债券基金 B 份额在基金合同生效的 3 个月后可在交易所上市，而 A 份额在基金合同生效 3 ~ 4 年后可以上市。上市交易的设计使投资人既能够选择中长期持有，也可以结合基金的发展情况进行波段操作，流动性更好。

◆ **普通债券基金特性：**对分级债券基金而言，改变的只是交易和收益分配方式。如果投资人只是持有基金，那么分级债券基金就如同一般债券基金，尤其是 A 份额的持有人，但不同的是 A 份额的预期收益更加稳定。

投资人在了解了分级债券基金的独特投资特点之后，可以据此融入债券基金的投资策略，从而更好地完成投资。

2．分级债券基金 A 份额可替代短期定存

作为低风险的约定收益品种，分级债券基金 A 份额也分为上市交易和不上市交易两种模式。在分级债券基金 A 份额中，上市交易的品种设计较为复杂，同时二级市场的流通也并不活跃。但是不上市交易的 A 份额，即半开放品种，设计相对简单，并且定期能够申赎一次，投资人可以获得较为确定的约定收益，同时收回本金。

由于投资分级债券基金 A 份额的投资人，主要是追求稳定收益的低风险投资人。根据其投资偏好，银行定期开放的申赎半开放式投资品种比较适合他们，既能够保障本金，又能够收到稳定收益，这也是分级债券基金 A 份额的投资风格。

■ 利率高于定存

A 份额基金的出现契合了保守型投资人的需求，可作为一年、半年等

短期定存的良好替代品。这类债券基金的安全系数高，资金安全。目前的约定收益基本为“一年定存利率 × 一定倍数”或“一年定存利率 + 固定数字”，收益基本维持在 4.5% ~ 5% 之间。

■ 申购赎回手续

除了利率高于银行短期定存之外，手续费用也是投资人比较关注的话题。银行定存不需要缴纳费用，那么分级债券基金 A 份额需要缴纳多少手续费呢？

通过对目前市场上这类基金的观察，分级债券基金 A 份额基本没有手续费，即使有也很低。例如，易方达稳健收益债券（110007）就没有申购、认购费用，赎回费率为 0.75%，持有超过 30 天，没有赎回费率。所以，这类产品的投资是非常划算的。

除此之外，投资人比较关心的是产品的开放周期。对于半开放式的分级债券基金 A 份额而言，开放周期基本为 6 个月左右。开放申赎的日期跟投资人申购、赎回的时间相同，投资人可以根据基金成立日来推算每个申赎日期，开放日一般为一个周期的最后一个工作日。

半开放式产品由于其安全性和收益性，往往更容易受到投资人的追捧，但是这类产品一般都有认购上限。当投资人申购或者认购的份额超过上限时，将实行比例配置。

综上所述，分级债券基金 A 份额投资可以替代银行短期定存，获得收益。

【提示注意】

投资人需要注意的是，与银行相比，分级债券基金 A 份额存在一个不足，那就是在开放周期到期之前，不能够提前赎回本金，但是银行定存可以在亏损收益的情况下收回本金。

3．分级债券基金B份额投资指南

一直以来，投资人对于分级债券基金中的进取部分B份额的印象均为高收益、高风险。进取级的资产规模首先要满足优先部分A份额的本金及约定收益，等于在母基金份额累积一定收益之前，B份额一直处于一个亏损状态，而在基金收益覆盖了优先部分之后，进取部分则将获得数倍于母基金的投资收益，其潜在的收益空间确实能够吸引很大一部分的投资人。但是投资人在投资分级债券基金B份额时，需要注意以下几点。

■ 关注成交量

分级债券基金B份额大多数在交易所上市交易，类似于股票的交易方法。但是投资人需要对基金的交易量进行关注，部分分级债券基金B份额在多数时候成交量较低，对此，投资人就需要多做考虑。

例如，某只分级债券基金B份额，一天只有几万元或者几十万元的成交额。这就说明在一定程度上，该只分级债券基金B份额的价格存在失真，可能是价格太低买不到，或者价格太高被套牢。

但是随着二级市场价格的上涨，分级债券基金的交易量也会被放大到几百万元，甚至是几千万元。所以，如果投资人以一个比较高的价格买到了比较理想的品种，并不担心上涨后卖不掉，只是一旦看反，短时间内很难脱手。

■ 关注折价率

折价率是分级债券基金中的重要指标之一，投资人在同等条件下，需要选择折价率更高的品种，这样安全边际更大。但是投资人一定不能够只关心折价率，而是需要看年化折价率，即关注同等折价水平的品种，到期时间越短越好。

■ 母基金的资产状况

投资人投资分级债券 B 份额，需要对母基金的资产状况有所了解。不管基金经理如何操作杠杆，如果没有充足资产的母基金也无法达到效果。当母基金的资产风险较低，那么杠杆的比例可以适度大一些。

■ 杠杆高低

对于分级债券基金 B 份额而言，杠杆水平相当于风险收益的放大器。同样的基础资产在不同的杠杆作用之下，得到的收益大不相同。

对于基金的年化折价、成交金额、杠杆净值以及 A ：B 等数值可以在集思录网站的网页上进行查询，如图 8-3 所示。

B类基金(刷新)

代码	名称	现价	张幅	成交金额	到期日	剩余年限	年化折价	价格杠杆	净值杠杆	A:B比例
150040	鼎利B	1.750	0.86%	2.26	2017-06-16	0.84	1.285	2.463	2.437	70:30
150033	多利进取	1.013	2.22%	5.90	永续	-	-	5.036	5.018	80:20
150154	惠丰B	1.060	-0.56%	101.02	2017-09-28	1.12	0.419	3.237	3.222	70:30
150021	汇利B	1.142	0.44%	162.68	2017-10-16	1.17	-1.757	3.087	3.151	70:30
150067	互利B	1.423	0.21%	4.00	永续	-	-	2.512	2.983	70:30
150134	德信B	1.266	0.00%	3.01	2017-04-25	0.69	0.454	2.936	2.927	70:30
150160	通福B	1.595	0.00%	172.69	2016-12-10	0.32	1.169	1.082	1.078	10:90
150142	互利债B	1.511	-0.26%	12.24	2016-11-06	0.23	2.316	1.054	1.049	7:93
150156	中银互B	1.069	0.00%	0.00	2017-09-30	1.13	-0.670	1.527	1.539	36:64

图 8-3 分级债券基金 B 信息展示

分级债券基金 B 份额的投资，相对于 A 份额而言风险较高。所以在投资时，投资人需要对其进行多方位的了解之后，再进行投资。

4. 优先部分的稳健投资

分级债券基金中的优先部分由于其约定收益以及债市风险较低的特点，所以承担的风险较低。根据统计，杠杆倍数为 3.3 时的分级债券基金，在母基金亏损超过 30% 的情况下，A 份额才会发生亏损。根据以往债券市场的业绩反映来看，最大跌幅在 15% 左右，其中不包括可转债。然而债券型基金历史业绩跌幅程度更小一些。

所以，根据这个角度来看，由于产品运作方式以及交易方式的设计，导致该投资人获取收益的时候会承担一些流动性或者市场波动的风险，但该风险比较小。

目前，根据已经成立的分级债券基金 A 份额来看，不论是哪种类型，都可以获取较为稳定的收益。但是不同类型的收益，其获取方式不同，承担的风险也不同。

■ 封闭式运作的分级债券基金

A、B 两类份额都可以上市交易，但是无法配对转换。封闭式的运作导致 A 份额市场价格与净值之间存在一定折价，同时该份额的市场价格受到市场情绪的影响而上下波动。在一定阶段的时间内收益具有不确定性，但是随着预期的改变，市场价格也会随之发生变化。所以，对投资人而言，只要能够长时间持有，同样能够获得预期收益。如果在折价较大时买入，还能够获得超额收益。

例如，某只分级债券基金 A，在上市之初折价率就达到 11%，之后价格却一路下滑。在上市 6 个月之后最低跌至 0.84%，跌幅达到 12%。但是随着债券市场的回升，该只基金逐渐上升，之后的涨幅达到了 19%。

该类债券基金价格回归的推动力来源于到期日的存在，随着到期日的临近，其价格必然向净值回归，过高的折价不会持续存在。对投资人来说，只要持有到期便能够获得预期收益，所付出的只有时间成本。

■ 开放式分级债券基金

对于开放式分级债券基金，两类份额都可以上市交易，同时可以配对转换，配对转换使得该类债券基金整体折（溢）价维持在较低水平，也使两类份额折（溢）价变化联系在一起。由于B类份额受到市场关注较多，其价格波动往往处于主动地位，使市场处于溢价状态，而A类份额价格波动则被动受到影响，常常处于折价状态。当债市具有较好的机会时，B类份额价格上涨较多，溢价扩大，A类份额价格相应下跌，折价扩大，这样的结果就是债市预期越好，该类份额折价就越大，债市预期不佳的时候，其收益反而更好。

该类债券基金保证A类份额稳定收益的方法在于其定期折算机制，定期折算时A类份额净值归一，多余的份额折算为母基金份额，投资人能够按照母基金净值兑现收益。这一机制促使其价格在折算前持续向净值回归，在持有一段时间后投资人基本都能够获得预期收益，如果在折价率较大时买入，还会获得超额收益。

■ 半封闭式运作的分级债券基金

半封闭式运作的分级债券基金，场外申购赎回，定期开放，开放期净值折算为1，投资人份额相应增加，赎回便可以获取约定收益，且大多数没有申购赎回费，成本也较低。

该类份额获取约定收益的确定性最高，但是由于开放时才能够申购赎回，其流动性最差，而且没有折（溢）价，也不存在获取超额收益的机会，当前该类份额的约定收益率从3.9%到4.6%不等。

8.3 分级债券基金实战案例分析

介绍了很多关于分级债券基金的投资内容，但是投资人是否能够根据需求选择出适合自己的债券基金进行投资呢？下面根据实际的投资案例来进行详细分析。

1．公司白领的债券基金选择

王小姐今年 24 岁，从学校毕业两年，是一名普通的公司白领，月收入 5000 元。每个月的房租 1000 元，日常开销 2000 元。由于每天工作比较繁忙，王小姐平时并没有什么聚会活动，所以每个月能够有 2000 元左右的结余。考虑到自己目前的资金状况，王小姐第一时间想到了投资门槛低且风险较低的债券基金。

根据王小姐的情况可以看出，王小姐是一个偏向低风险、保守型且追求稳定收益的投资人。可以考虑分级债券基金 A 份额，类似于投资一个长期债券，收益稳定。

王小姐可以考虑易方达稳健收益债券 A（110007）基金，该基金评级较高，排名靠前。另外，该基金最重要的一个特点是收益稳健增长，同时风险较低，比较适合王女士的投资风格。在同类的基金中，该基金的发展表现良好，如图 8-4 所示为易方达稳健收益债券 A 基金 2014 年到 2016 年的累计收益走势。

图 8-4　易方达稳健收益债券 A 基金收益走势

由图 8-4 可以看出，虽然大盘走势起伏变化较大，但是对于该基金而言，影响不大。在该基金近 3 年的一个走势过程中，一直趋于稳定增长的情况，同时高于同类债券基金走势。

王小姐可以将该投资作为一个长期性的投资，更能体现该基金的优势，收益远远高于银行定存。由于王小姐才 24 岁，属于理财初期的模式，该阶段的投资人主要以资金积累为主，王小姐可以将每月的结余资金以定存的方式投资该债券基金，在保障资金安全的同时，也能够为王小姐积累财富养成投资理财的习惯。

2．老股民股市转战债券基金

李先生是一家企业主管，48 岁。李先生具有 6 年的股龄，在股市投资 10 万元。由于股市变化不定，李先生投资的这些年，略有收益但并不理想，不过从来没有尝试过基金投资。由于近一年来，股市震荡，李先生越发感觉股市投资的艰难。辗转再三，李先生想通过投资债券市场来获得收益。

根据李先生的情况，投资经理分析得出，李先生是一个风险偏好相对较高的投资人，在这样的情况下，可以考虑投资分级债券基金 B 份额，杠杆操作放大资金，可以让投资人享受到超额收益，更符合类似于李先生这样具有高投资风险的投资人。

建议李先生可以选择工银瑞信双利债券 B（485011）基金，相比股票投资需要支付大量的手续费用而言，这类债券基金的投资更加实惠。工银瑞信双利债券 B 基金认购、申购费率为 0，同时持有时间超过 30 天，赎回费率亦为 0。另外，该基金的业绩表现良好，趋于稳定增长的趋势，如图 8-5 所示。

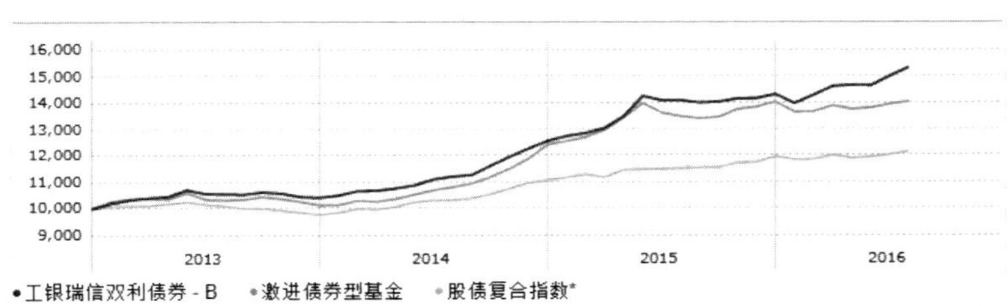

图 8-5　工银瑞信双利债券 B 业绩走势

这类债券基金属于激进债券基金，具有一定的风险性。虽然大部分的资金投资于风险较低的债券，但是也有部分的资金投资于风险较高的股票，如图 8-6 所示为该基金的资产结构。

资产分布　2016-06-30

	占净资产(%)	+/-同类平均
现金	9.91	3.68
股票	11.02	2.64
债券	87.72	-14.66
其它	-8.65	8.34

-50　0　50　100

图 8-6　工银瑞信双利债券 B 的资产分布

而股票投资中，大部分的资金投资于黄金市场，具体如图 8-7 所示为工银瑞信双利债券 B 持仓情况。

十大股票持仓（比重11.02%）	五大债券持仓（比重22.71%）		
代码	股票名称	市值(百万)	占净资产(%)
600547	山东黄金	622.87	4.76
601069	西部黄金	255.08	1.95
002155	湖南黄金	249.42	1.90
600489	中金黄金	225.53	1.72
000888	峨眉山A	72.23	0.55
603010	万盛股份	17.25	0.13
601611	中国核建	0.02	0.00

图 8-7　工银瑞信双利债券 B 股票持仓情况

由于黄金从 2016 年年初至今发展良好，一改以往的跌势，触底反弹，所以将资金投入黄金股票市场，能够使投资人分享股市上涨的收益成果。如图 8-8 所示为黄金 2016 年 2 月到 8 月的走势情况。

图 8-8　黄金 2016 年 2 月到 8 月的走势

综上所述，李先生可以投资工银瑞信双利债券 B 基金，如此既能够享受股票市场带来的收益，也能够享受分级债券基金 B 份额杠杆操作带来的超高收益。

3．中老年人的保守投资

刘女士今年55岁，从单位退休，生活比较单调，空闲的时间也较多，所以刘女士想到了通过投资来丰富自己的老年生活。她想到了投资基金，由于不是很了解，抱着试试看的心态，刘女士买了很多品种，持有的品种也比较复杂，例如QDII、指数型基金以及分级基金等。目前，有的品种属于长期亏损状态，所以需要对她的基金做一些调整，使基金投资组合收益能够稳定增长，同时不用承担太大的风险，收益能够高于银行定期存款，操作简单。

通过案例可以看到，刘女士整个投资最大的问题在于投资太杂，并没有形成一个稳定平衡的组合，所以在失衡的状态下投资处于亏损状况的可能性较大。所以，首先需要根据刘女士的投资特点建立一个投资组合。

由于刘女士55岁，相比于高收益，更追求低风险，所以整个投资组合以保障资金安全为主，再在此基础上使得资金能够稳定增长，如图8-9所示。

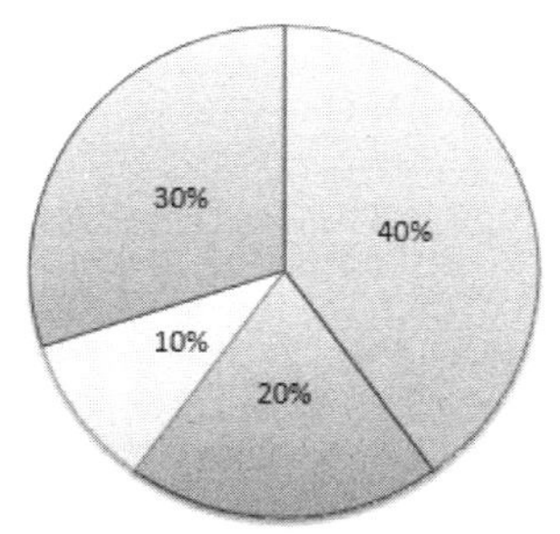

图8-9　基金投资组合比例

由图8-9可以看到，在整个投资组合中分级债券A基金比例占到40%，这里的分级债券A基金是封闭式或者半封闭式的分级债券基金。该类型的债券基金类似于银行定存的操作方式，操作简单，不需要投资人储备丰富的基金知识，并且此类型的基金是以一种约定收益的模式进行分配，收益高于银行定存，风险较低，安全性高。为了保障基金投资组合的稳定性，配置了 20% 的货币基金。封闭式或半封闭式债券基金虽然风险较低，但是流动性差，而货币基金的流动性较强，可以对该缺点进行弥补。

虽然整个投资组合以安全性为主，但是低风险并不意味着低收益，所以配置了 10% 的指数型基金。指数型基金风险较高，收益也较高，属于股票型基金。在整个基金组合稳定的情况下，可以适当地配置一些高风险的投资品种。最后在投资组合中配置了 30% 的混合债券基金，混合债券基金的投资风险属于中高水平，可以平衡投资组合的整体风险性。

走进可转债基金

可转债基金投资玩法

投资实例介绍

享受股票收益的可转债基金投资

可转债基金是债券基金中比较特殊的一个投资品种。在大多数人的印象中，债券基金一直是稳定收益、低风险的一个形象，但是可转债基金却是一个特例，由于其可转换的特点，使它能够享受股票市场的收益，当然投资风险也随之增长。

9.1 从可转债走进可转债基金

有投资债券经验的投资人对于可转换债券一定不会陌生，而可转债基金就是通过专业的基金经理人对可转换债券进行投资。对可转换债券不了解的投资人可以通过投资可转债基金实现对可转换债券的投资。

1. 认识可转债基金

可转债基金顾名思义就是基金的主要投资对象是可转换债券，而境外的可转债基金主要投资对象还包括可转换优先股，因此也被称为可转换基金。

对于投资人而言，投资可转债基金的最大好处在于不需要像普通投资人一样，投入大量的时间和精力去跟踪和研究纯债价值、到期收益率、纯债溢价率、转换价值以及转股溢价率等，因为这一切都是交由专业的基金经理来操作的。

根据目前投资范围来看，可转债基金大致分为 3 类。

- 只投资可转债、企业债等债券市场，不参与股市，如近期新发行的天治可转债基金。
- 投资于可转债、企业债等债券和股票一级市场，如华宝兴业可转债基金。
- 既可以投资于可转债、企业债等债券，亦可同时投资股票一、二级市场，如中银转债增强、汇添富可转换债券及华安可转债等。

这些基金在晨星网站分类中皆属于保守混合型基金。

由于市场上的可转债基金成立时间普遍较短，所以大部分的可转债基金规模较小，资产净值最小的仅 5500 万元。由于可转债市场目前的容量相对有限，这些基金在持仓上的重复度较高，多数重仓持有中行转债、工行转债、石化转债等规模较大、股债特性相对平衡的转债，但是在持仓的长尾部分不同基金的差异仍旧较大。

此外，不同基金的激进程度从持股比例和持券集中度（最新披露的季报数据）来看，个别激进的可转债基金股票持仓接近净资产的 20%，也有甚者五大债券的持仓占到净资产的 137%，仅单一转债的持仓就达到 50% 左右，这无疑给基金埋下了较大的安全隐患，现有可转债基金的持仓多数还是在平衡的基础之上，追求市场可能带来的套利机会。

2. 如何选择可转债基金

目前市面上的可转债基金并不多，在这些为数不多的可转债基金中如何选择适合的投资品种，成了投资人的一大难题。

其实对于开放式的基金而言，可转债基金的挑选方法很多都适用于开放式基金。例如，避免购买新基金、参考历史业绩以及基金公司的口碑情况等。除此之外，还可以根据以下几个方面来挑选基金。

从一次性购买费率（包括管理费、托管费、申购及赎回费等）来看，目前市场上可转债基金的平均费率水平在 1.7% 左右，投资人可关注费率较低的 C 份额，该类份额没有申购费且多数持有超过 1 或 2 个月可免赎回费。如图 9-1 所示为天治可转债 C（000081）基金的赎回费率。

适用金额	适用期限	赎回费率
---	小于60天	0.30%
---	大于等于60天	0.00%

图 9-1 天治可转债 C 基金的赎回信息

投资人需要对自身的风险承受能力有清晰的认识，从而选择匹配的基金。建议保守型的投资人尽量选择股票持有比例低、债券集中度也相对较低的产品，如华宝兴业可转换债券、华安可转换债券等，风险偏好高的投资人可适当关注博时转债增强债券。

结合转股溢价率、到期收益率及纯债溢价率等指标来判断其重仓可转债。转股溢价率越低，其越具有股性的投资价值，价格波动和正股的相关性越强，股市一旦反转，转债的跟涨能力将极为突出。当转股价值为负时，理论上投资人可以通过买入转债、转股、卖出股票来套利。纯债溢价率则是判断转债债性的指标。纯债溢价率越低，转债的债性越强，债底保护也越强。

此外，选择公司固定收益团队实力强和基金经理投资管理能力强的基金。可转债基金投资单只转债比例不受 10% 的限制，更为考验基金经理的选券和配置能力，而投资经验丰富和投资能力强的基金经理对券种的选择、配置和杠杆的操作以及对市场的判断具有一定优势。

3. “双性”的可转债基金

可转换债券通常被视为是一种兼具“债性”和“股性”的债券类投资产品。由于可以约定这个转换为标的公司股票，在该公司股票超过转股价格并上涨时，可转换债券价值中的股票看涨期权价值就会上涨，从而体现为“股性”。

当标的股票的市场价格高于转股价格时，投资人不会选择转股，此时股票看涨期权价值等于零，可转债的价值即为条款约定的普通债券价值，从而具有“债性”特征。由于具有“股性”和“债性”的双重特征，可转债的价格波动与股市同向，但其波动率要显著低于股票市场，并大幅高于债市。

可转债基金作为主要投资可转债的基金也具有这种特性，可转债基金能够很好地分享可转债市场的收益，同时由于股票资产的转换，在股市的牛市中表现甚至好于可转债市场。

市场上最早专注于可转债投资的基金，是成立于2004年5月的兴业全球可转债。这是一只非常成功的基金。由于它的股票最高仓位为30%，超过了债券基金公认的20%，因此不算债券基金。这只基金自成立以来的累计收益率高达489%，让人瞠目结舌，可见可转债基金的魅力。

根据可转债基金近年来的表现来看，可转债基金比较适合在“股债双牛”和“股牛债熊”的市场下进行投资。在这样的投资环境下，可转债基金的回报率明显高于其他类型的债券基金。但是，在“股熊债牛”和“股债双熊”的市场环境下，可转债基金的损失风险较大，投资人要尽量避免。

4. “下保底，上不封顶”的投资风险

我们都知道可转换债券有一个明显的特点，那就是“下保底，上不封顶”，在这样的条件下，很大程度降低了投资人的投资风险。那么，可转债基金是否也存在这样的特性，以便降低投资风险，或者没有投资风险呢？

实际上并不是这样，无论是可转换债券，还是可转债基金都有一定的投资风险，投资的风险主要来自以下3个方面。

◆ **股市波动：**既然可转债能够转股，那么可转债基金的走势必然受

到股市波动的影响。如果股票出现大幅度变化，可转债也会随之变化，所以可转债基金也就变化。并且可转债由于可以转换成股票，转债基金也会持有股票一定时间，这期间的股票价格波动变化风险也需要可转债承担。

◆ **赎回风险**：当可转债的价格持续走高，溢价达到一定条件时，上市公司会要求投资人限时转股，不转股就被低价回收，所以这也是可转债的重要风险之一。国内股市曾出现过被低价回收的可转债，股民直接损失达到 20% ~ 30% 甚至更高。

◆ **配置风险**：如果可转债基金表现不错，那么表现好的基金品种、基金公司、渠道及持有人都有新的需求，自然也会新发可转债基金。同时，很多可转债基金有可转债的仓位限制。

例如，最低持有 30%，牛市以后可转债被大量转股和强制赎回，使可转债存量大大减少，但是强制仓位限制导致可转债必须配置，就会使可转债价格可能高于正常合理的价格，这就相对增加了可转债基金的风险。同时由于品种少，部分企业就会计划新发行可转债，如果有新债，那么原有的可转债基金就会抽出一定仓位来配置新债券，这样也会导致转债一定程度的下跌。

综上所述，可转债基金的投资也具有一定的投资风险，所以投资人在投资时需要树立正确的投资心态。

除此之外，投资人在选择可转债基金时更需要多方面考量，因为可转债基金投资风险更多的是来自基金管理人的操作，选择好的基金也就选择了好的基金管理人，能够帮助投资人在一定程度上规避风险。

9.2 可转债基金的投资新玩儿法

在市场持续低迷的情况下，转股价不断地调整，增强了转债在市场反弹或者反转的攻击性。所以投资人更需要提前做好可转债基金的投资策略计划。

1. 杠杆比例加大收益

投资人在平台通过条件筛选购买可转债基金时，一般会注意到下面的杠杆比例，如图 9-2 所示。

全部(2993)　股票型(513)　混合型(1324)　债券型(855)　指数型(377)　保本型(160)　QDII(101)　LOF(148)

分类：全部　长期纯债　短期纯债　混合债基　定期开放债券　可转债

杠杆比例：全部　0-100%　100%-150%　150%-200%　200%以上

比较	序号	基金代码	基金简称	日期	单位净值	累计净值	日增长率	近1周	近1月	近3月	近6月	近1年	近2年	近3年	今
□	1	000068	民生加银转债	08-18	0.7020	1.0920	0.72%	4.31%	2.93%	6.53%	-1.40%	-16.33%	-0.61%	-1.22%	-16
□	2	000067	民生加银转债	08-18	0.7040	1.1040	0.57%	4.30%	2.77%	6.34%	-1.40%	-16.29%	-0.14%	-0.34%	-16
□	3	040022	华安可转债债	08-18	1.2220	1.2220	0.41%	3.65%	2.43%	7.10%	-4.75%	-17.26%	29.04%	18.18%	-22

图 9-2　通过条件筛选可转债基金

由于可转债兼具股性，价格波动变化高于普通债券。所以和普通的债券相比，可转债杠杆基金自然也有着更大的价格弹性。与股票型杠杆基金相比，可转债杠杆基金的产品设计使它们自身就具备了更高的杠杆。

可转债基金的初始杠杆是根据债券设计，而债券型分级基金的杠杆设计倍数可以比股票型分级基金高许多，因而可转债基金的初始杠杆高于普通股票型杠杆基金。

杠杆倍数的高低往往是吸引投资人购买的重要因素。一般情况下，可转债杠杆基金的初始设计 A、B 两类份额的配比均为 7 ：3，初始杠杆都是 3.33 倍，相比之下，股票杠杆基金的初始杠杆通常为 2 倍或 1.67 倍。

在股市行情大好的环境下，可转债仓位越高、杠杆水平越高的可转债基金，获得收益的能力也就越强。当然，如果股市下跌，该类基金的损失程度也会较大。

例如，杠杆比例在 150% ~ 200% 的长信可转债债券 A（519977）基金，在各个阶段的涨幅情况如图 9–3 所示。

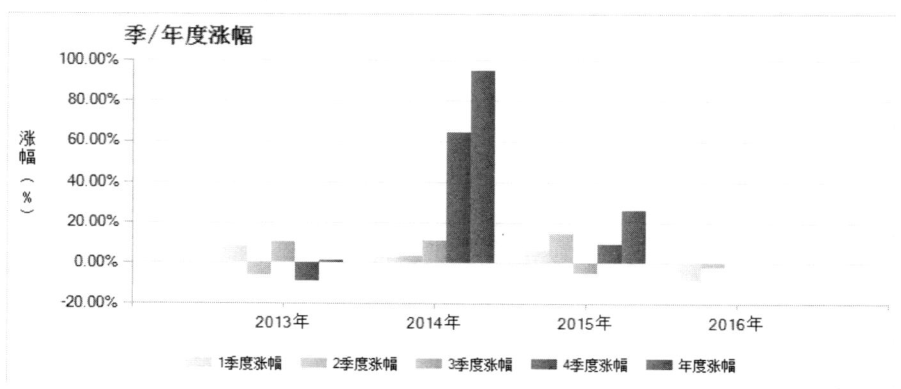

图 9–3　长信可转债债券 A 各阶段涨幅情况

从图 9–3 可以明显看到，由于 2014 年股市行情大好，基金涨幅程度较高，2014 年年度涨幅达到 95.11%，甚至大幅高于同年股票型基金收益。

随着 2015 年和 2016 年股票市场的变化，基金涨幅下降，但是和沪深 300 相比，可转债基金的累计收益走势依然高于沪深 300，具体情况如图 9–4 所示。

图 9-4 长信可转债债券 A 基金累计收益走势

综上所述，投资人选择杠杆可转债基金，加大杠杆比例，既能够超过预期，得到超高收益；也能够超过预期跌值，达到超跌值。所以，在杠杆比例选择时，投资人需要谨慎操作。

2. 紧跟市场分析可转债基金重仓

关于可转债基金的重仓情况分析其未来的走向，主要通过两个方法，一是根据市场情况变化，二是根据可转换债券的转化价值以及转股溢价率等。

首先，根据市场行情做出判断，关注重仓可转换标的整体走势情况；其次，投资人可以结合转股溢价率、到期收益率及纯债溢价率等指标来判断可转债基金的重仓可转债。通常转股溢价率越低，其具有的股性投资价值就越高，其价格波动和正股的相关性也越强，当股市一旦出现反转，转债的跟涨能力表现就会极为突出。

当转股的价值为负数时，理论上投资人可以通过买入债券、转股以及卖出股票来套利。而纯债溢价率则是判断转债债性的指标。纯债溢价率越低，转债的债性越强，债底保护也就越强。

例如，根据博时转债增强债券C（050119）基金各阶段的涨幅情况来具体分析，如图9–5所示。

	2015年度	2014年度	2013年度	2012年度	2011年度	2010年度	2009年度	2008年度
阶段涨幅	0.99%	93.76%	-12.04%	6.64%	-10.66%	--	--	--
同类平均	11.26%	19.85%	0.35%	6.74%	-3.29%	--	--	--
沪深300	5.58%	51.66%	-7.65%	7.55%	-25.01%	--	--	--
同类排名	535 | 566	5 | 491	338 | 341	138 | 232	156 | 159	-- | --	-- | --	-- | --
四分位排名	不佳	优秀	不佳	一般	不佳	--	--	--

图9–5 博时转债增强债券C基金年度涨幅

由图9–5可以看出，该基金2014年表现较为突出，2014年的涨幅达到93.76%。如图9–6所示为2014年该基金的重仓持债情况。

○ 博时转债增强债券C 2014年4季度债券投资明细　截止至：2014-12-31

序号	债券代码	债券名称	占净值比例	持仓市值（万元）
1	110029	浙能转债	14.11%	29,632.75
2	110023	民生转债	7.85%	16,499.48
3	110020	南山转债	6.47%	13,593.41

○ 博时转债增强债券C 2014年3季度债券投资明细　截止至：2014-09-30

序号	债券代码	债券名称	占净值比例	持仓市值（万元）
1	113003	重工转债	7.82%	6,020.96
2	110018	国电转债	4.32%	3,331.24
3	110024	隧道转债	4.29%	3,302.78

○ 博时转债增强债券C 2014年2季度债券投资明细　截止至：2014-06-30

序号	债券代码	债券名称	占净值比例	持仓市值（万元）
1	110018	国电转债	11.68%	11,455.70
2	113003	重工转债	1.74%	1,703.40
3	110016	川投转债	0.53%	516.52

○ 博时转债增强债券C 2014年1季度债券投资明细　截止至：2014-03-31

序号	债券代码	债券名称	占净值比例	持仓市值（万元）
1	128002	东华转债	0.00%	0.02

图9–6 博时转债增强债券C基金2014年各季度债券重仓情况

由图 9-6 可以看到，从 2014 年第 1 季度，可转债净值比例为 0，之后逐渐增大可转债的净值比例，到 2014 年第 4 季度可转债净值比例达到 28.43%。而该基金的收益也从 2014 年第 1 季度的 -1.44%，逐步上涨，第 2 季度为 5.97%，第 3 季度为 6.78%，第 4 季度达到 73.74%。

2014 年年底，大盘蓝筹股表现突出，股市投资环境良好，重配相应转债的转债基金表现优异，所以该基金中配置的可转债随之上涨。

3．可转债的品种构成

可转债基金作为新兴的投资品种，市面上投资的基金数量并不多。投资人投资这类基金时，可以分别从可转债投资比例、可转债投资品种以及股票投资情况等方面进行考虑。

一般可转债基金投资可转债占基金资产净值的 80% 左右，最高甚至在 140% 左右。但是在实际的可转债基金涨幅比较中，转债的投资品种结构最为重要，即使一只基金的可转债投资比例很高，如果投资的品种不好，上涨幅度可能还会低于其他低投资比例的可转债基金。

目前在可转债的投资中，既有工行转债、中行转债、石化转债以及民生转债大蓝筹股转债，也有电力、钢铁以及船运等周期性行业汇总型上市公司的转债，每一只转债对股市的敏感程度差异较大。

另外，可转债基金持有的股票情况也需要特别注意，可转债基金大多是二级债券基金，最多能够配置 20% 的基金资产投资股票。因此，对那些持有股票比较高的转债基金，投资人还需要查看股票的持仓情况。

此外，投资人还要关注基金公司的不同，以及基金公司的规模、股票投资和研究的实力等，这些都会影响到可转债基金的中长期业绩表现。

下面以兴全可转债混合基金（340001）为例做具体的介绍。

兴全可转债混合基金成立时间较长，其成立以来收益率明显高于其他可比基金，如图 9-7 所示为该基金各阶段的历史回报及同类排名情况。

当前历史回报 | 上月历史回报

	总回报	+/-基准指数	+/-同类平均	同类排名
一个月回报	1.57	0.27	-0.78	-
三个月回报	5.66	3.17	0.70	-
六个月回报	5.88	3.07	7.76	-
今年以来回报	1.02	-2.05	11.99	30中第3名
一年回报	5.80	-1.60	15.64	30中第1名
二年回报（年化）	22.57	14.52	7.04	29中第10名
三年回报（年化）	19.37	12.97	7.39	26中第8名
五年回报（年化）	10.90	5.49	2.78	11中第3名
十年回报（年化）	17.56	13.28	0.00	1中第1名

图 9-7　兴全可转债混合基金的历史回报

由图 9-7 可以看出，该基金的总回报一直高于基准指数，在同类排名中也排名靠前。2016 年以来，可转债基金整体呈现下跌态势，兴全可转债混合基金仍然以 -0.06% 排名第一，如图 9-8 所示。

业绩汇总 | 业绩排名　　净值日期：2016-08-12　当前排序：今年以来回报▾　基金只数：30　<上一页 1 2 下一页>　每页 20 ▾

基金名称	单位净值(元)	晨星评级(2016-07-31)		三年风险评价(2016-07-31)				夏普比率		今年以来	
		三年	五年	波动幅度(%)	评价	晨星风险系数	评价	最近三年	评价	总回报率(%)	排名(30)
兴全可转债混合	1.0702	★★★★☆	★★★★☆	18.83	低	10.73	低	0.91	高	-0.06	1
建信转债增强债券 - A	2.5170	★★★★★	☆☆☆☆☆	22.95	低	5.00	低	1.30	高	-0.71	2
建信转债增强债券 - C	2.4780	★★★★★	☆☆☆☆☆	22.99	低	5.05	低	1.28	高	-0.92	3
富国可转债	1.5030	★★★★☆	★★★☆☆	30.16	偏低	14.89	低	0.65	高	-7.51	4

图 9-8　可转债基金业绩排行

通过查看该基金的投资品种可知，兴全可转债混合基金 2016 年 6 月 30 日资产分布情况中，有 64.78% 投资于债券，股票比例占到 27.2%。债券投资品种中可转债占净产的 46.8%。另外在五大债券持仓中，转债占净资产的 9.66%，如图 9-9 所示。

十大股票持仓（比重11.81%） | 五大债券持仓（比重39.62%）

代码	债券名称	市值(百万)	占净资产(%)
126018	08江铜债	323.00	15.83
110032	三一转债	197.20	9.66
132004	15国盛EB	165.79	8.12
132005	15国资EB	62.11	3.04
011599	15美邦SCP001	60.42	2.96

图 9-9　兴全可转债混合基金债券持仓情况

在市场低迷的情况下降低了可转债的持仓，从而在很大程度上降低了股市波动给基金带来的风险。

9.3 通过实际案例了解可转债基金

通过前面的介绍，对可转债基金有了大致的了解之后，投资人就可以开始尝试着手准备投资计划了。下面介绍几个投资案例以帮助投资人进行投资分析。

1. 宝宝教育金计划

很多年轻小夫妻在有了孩子之后就开始为孩子的将来做准备，而孩子的教育基金是最为重要的开支之一，所以也成了困扰这类投资人的一大烦恼。通过合理的投资计划组合，能够帮助投资人获得收益的同时完成教育金的筹备。

杨女士今年 29 岁，月收入 3000 元，享有社保和医保待遇。丈夫是某公司职员，月收入 4000 元，也同时享有社保和医保待遇，家有存款 10 万元，有自己的住房，无房贷。家庭月支出 3000 元，今年 7 月，小宝宝将出生。

杨女士希望将一半的存款留给孩子，并每月拿出 1500 元为孩子做投资，为孩子今后上学、工作做积累。

从案例可以看出，杨女士的家庭资产情况算是良好，没有负债，同时夫妻二人有稳定的工作，也有一定的存款。根据杨女士家的情况，可以有不同的理财方案。

首先，为了提升累积资产的速度以及灵活性，建议杨女士用目前5万元存款以及每月工资中的1000元为孩子做中长期投资，积累教育金。其次，500元可用于银行的定期储蓄或做保险规划。

杨女士家庭可以选择中长期的投资，投资时间在10 ~ 20年以上。可将5万元存款配置在债券型开放式基金以及股票类基金上，每月1000元用于基金定期定投，所有基金投资分红方式均为再投资，无利息税。

■ 积极进取型投资方式

杨女士的投资期限为中长期，可以承受一定程度的投资风险，所以在配置积极进取型的投资组合中，可以配置比例稍高的投资品种。

3万元配置股票型或者混合型股票基金，2万元配置可转债基金，年预期收益在8%以上。另外每个月将1000元用于基金定投，预期收益在10%左右，并坚持10年以上的投资。

■ 稳健型投资方式

稳健型的投资组合中，可以加入一定比例的中风险或者低风险的投资品种，以保障资金在稳定的同时能够得到稳定增长的收益。

将2万元投资于混合型债券基金，3万元投资于可转债基金。年预期收益率为6%以上。另外，每月1000元基金定期定投方式，以500元做债券基金，预期收益率5%，500元做指数基金，预期收益率10%，其定期定投综合预期收益率为7%以上。

■ 保守型投资方式

保守型投资中主要是以低风险的债券基金为主，5万元配置普通债券型基金，年预期收益为6%左右。除此之外，每月1000元用于基金定投，年预期收益率为6%左右。

投资人可以根据自己的投资偏好选择合适类型的投资方案进行组合投资。另外，对于投资而言，无论是哪种投资方式，都需要投资人坚持。

2．人到中年如何理财

中年时期的投资人财富一般进入积累期，这时候的投资通常能够承担较高程度的风险。那么如何合理地运用这些财富，避免资金在银行贬值，从而使得资产增值成了这类投资人的难题。

廖先生，48岁，在上海一家上市公司做后勤部门主管工作，收入到目前变化不大，每月除去缴纳四险一金外，到手大约9000元，另外还有年终奖约1万元左右。人到中年，在廖先生看来，自己再工作十几年就该退休了。而廖先生的太太，现在在事业单位工作，每月收入是5200元左右，过年过节有一些奖金，每年加起来大约3000元。

孩子14岁，正在上初中。在家庭的开支方面，廖先生家庭现在每月生活开支4500元，孩子的课外补充课程，每月投入约1200元，其他开支每年1万元左右。在家庭资产方面，有自住房一套，价值140万元。此外，廖先生还有70多万元的储蓄，有股票若干，持有的股票刚开始转亏为盈，现值约20多万元。对于家庭财富的增值，廖先生打算继续做一些理财，以便家庭财富更好地增值。

首先，廖先生在上市企业工作，又是公司高管，工作稳定。另外，廖先生和太太的工龄都比较长，各方面缴纳的社保、医保等基本连续缴纳超过15年，未来已可领取退休保障。总体来说，在家庭基本保障方面还是不错的。其次，工作收入方面，廖先生家庭的收入属于中等水平，基本达到小康生活。

所以，经过计算，廖先生的家庭资产收支情况大致如下。

年收入：9000×12+10000+5200×12+3000=18.34（万元）

年支出：4500×12+1200×12+10000=7.84（万元）

年可支配收入是：18.34−7.84=10.5（万元）

不动产：140 万元

银行储蓄类、债券类资产：70 万元 +20 万元 =90 万元

总资产：10.5+140 万元 +90 万元 =240.5 万元

由此可见，目前廖先生家庭的收入水平不到 20 万元，大致属于工薪阶层，收入支出也不多，年均可支配收入有 10 万元左右。此外，廖先生家庭有一套现住房，该不动产占家庭总资产比重的 62.5%，比重偏大。另外廖先生的家庭有一定的投资，但大多数资产仍以银行储蓄为主，资产结构也较为单一，不利于资产的保值和增值。

根据廖先生的资产状况，首先可以调整家庭的资产结构，改变银行储蓄的比重，另外加入高收益的投资品种。对于 70 万元的银行储蓄，可以适当组合配置一些更稳健的投资。所以，廖先生家的投资组合配置情况如图 9−10 所示。

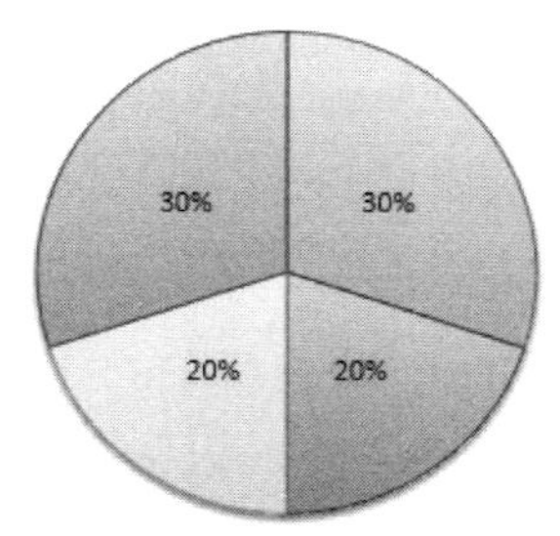

图 9−10　投资组合比例图

由于廖先生今年已经接近 50 岁了，在家庭整体抗风险能力有所下降

的情况下，并不建议将投资风险保持在一个较高的范围内。所以在整个投资组合中，加入适量的高风险投资产品，例如可转债基金和股票型基金，占比共 40%，低风险的债券基金和货币基金在 60% 左右。

可转债基金可以考虑兴全可转债混合基金（340001），成立时间较长，可以从该基金的历史业绩来查看基金各方面的指标参数。另外，收益走势较好，大幅高于沪深 300，如图 9-11 所示为该基金 5 年累计收益走势。

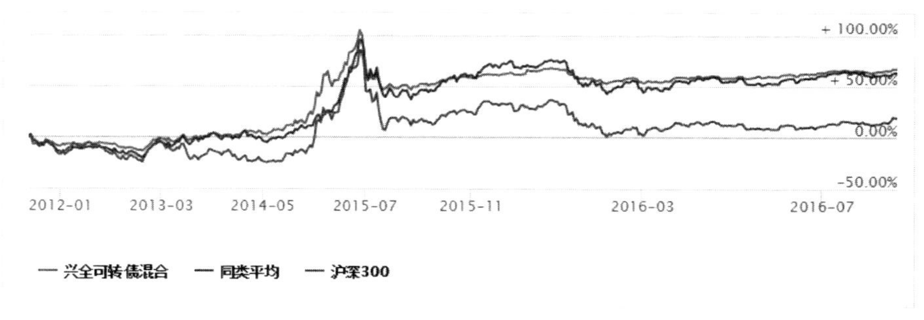

图 9-11　兴全可转债混合基金收益走势

对于股票基金而言，可以考虑易方达消费行业基金（110022），该基金晨星评级 3 年评级 4 颗星，5 年评级 5 颗星。根据该基金近期的走势来看，呈现出一个持续走高的情况，值得关注，如图 9-12 所示。

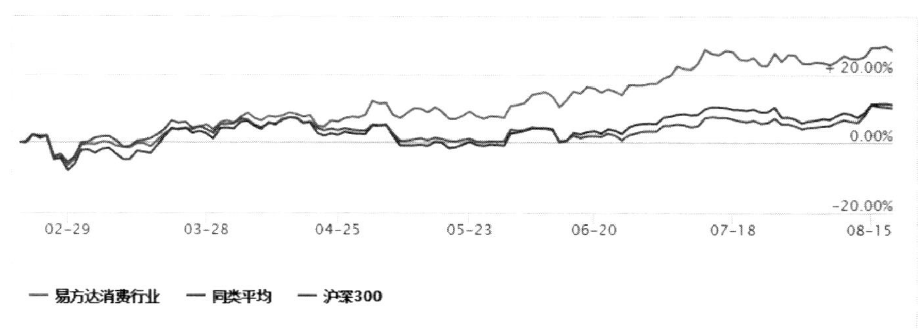

图 9-12　易方达消费行业基金 2016 年 2 月到 8 月走势

目前廖先生和太太的工资领取方式，还是较为普通的打到银行工资卡里，然后提取现金使用的方式。对于家庭的日常小额资金收入支出，可以将这部分的资金也购买货币基金，流动性强赎回方便。另外，这部分收益回报率在 4% ~ 5% 之间。

3．白领的个人理财计划

有这么一类投资人，他们有非常强烈的投资意愿，也有闲置的资金用于投资，但是由于工作繁忙却没有闲暇时间来专门研究股票、债券等投资品种。这类投资人往往希望通过构建适合的投资组合进行简单且长期性的投资。

今年刚过 30 岁的王女士，是某公司白领，因为忙于事业，至今仍未找到合适的另一半。王女士现在月入 5000 元，暂时和父母同住，没有自己的房产，有一辆价值 10 万元的私家车，现金资产 30 万元，对投资理财一窍不通，无任何资产投资，有社保，无其他商业保险，每月日常开支 3000 元。

虽然目前的工资可以保证生活过得较为充裕，但王女士还是想通过理财为未来生活打下基础。

根据王女士的资产情况可以看出，王女士的收入属于中等偏上水平，每年大概有 2.4 万元的结余，结余比例为 40%，收支结构尚属合理。从保障状况来看，王女士虽然有基本的社保，但还需要增加保障型的商业保险作为补充。

目前，王女士唯一的理财方式是将节余下来的钱全部存入银行，虽然资金的变现应急能力很强，但没有让闲置资金最大限度地发挥增值作用。同时，还要遭受通货膨胀的侵蚀，很不划算，应该通过投资使资产增值。

作为单身白领，王女士应该为自己建立一笔应急基金，以应付失业、生病等不时之需。应急基金一般为月支出的 6 倍，以每个月 3000 元来计算，至少需要准备 18000 元，这笔资金可以以现金、活期存款和货币市场基金的形式组合配置，在保持较高流动性的同时，也能获得相对较高的收益。

王女士可选择“基金定投”进行强制储蓄，每月定投资金为 1000 元。以定投的方式进行投资，除了能够帮助王女士养成储蓄投资的习惯之外，在投资上也能够降低一定的风险。基金定投的方式比较适合投资一些风险稍高的产品，对于比较稳定的纯债基金以及货币基金等，效果不是很明显。所以，在王女士的定投组合中可以适当增加一些高风险投资品种的比例。如图 9-13 所示为构建的基金组合投资比例图。

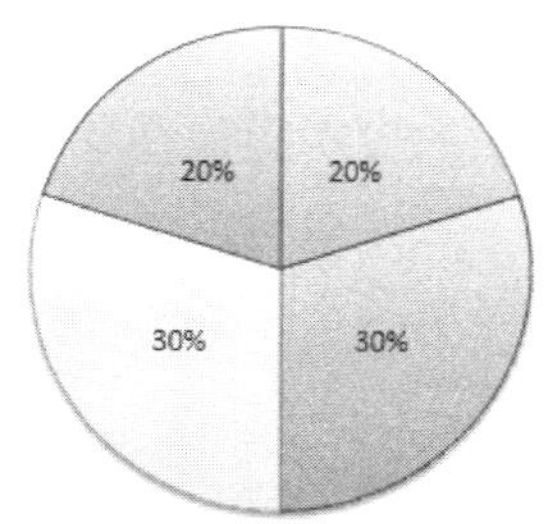

图 9-13　基金组合投资比例

王女士之前从未有过投资理财的经验，所以在投资初期应更多地积累一定的投资经验，养成投资的习惯。因此，整个投资组合比较保守，但是以基金定投的方式进行投资，可以增加一些高风险的投资品种。所以，债券基金和货币基金属于风险较低的保守型产品，所占比例在 50%；可转债基金属于中风险的投资产品，投资比例在 20%；股票型基金属于高风险的投资品种，投资比例在 30%。

债券基金的选择，王女士可以倾向于偏稳定的纯债基金或标准债券基金等，这类基金产品的收益以稳定增长著称，风险较低，能够起到平衡组合风险的作用。

可转债基金由于其可转换成股票的特性，所以选择可转债基金需要结合债市行情和股市行情的发展状况，以及根据晨星评级、历史业绩等来综合选择。例如，建信转债增强债券、兴全可转债混合以及富国可转债。

股票基金由于其风险较高，所以投资过程中有一定程度的起伏也很正常，投资的收益不需要从单只基金来看，可以综合整个投资组合的收益情况来计算。

另外，虽然基金定投的方式比较简单，不需要投资人花费太多的心思，但是并不意味着投资人在构建基金组合之后就可以高枕无忧。基金组合仍然需要投资人定期进行调整，使组合一直处于比较平衡的状态。基金组合也不是一成不变的，当投资人的投资经验以及经济实力都得到上升时，可以调整基金组合比例，适当提高高风险投资品种比例。毕竟，高风险伴随着高收益的可能性。

认识封闭式债券基金

投资封闭式债券基金的原因

封闭式债券基金的投资及实战

享受高收益的封闭式债券基金

前面介绍的基金属于开放式债券基金，还有一种封闭式债券基金，这类基金对于现在大多数的投资人而言接触较少，也是比较排斥的一个投资品种。究其原因，主要在于流动性，但是封闭式债券基金往往能够给投资人带来比较稳定的高收益，适合中长期投资。

10.1 认识封闭式债券基金

如今封闭式债券基金发展愈加丰富，在震荡加剧的市场环境中，由于其较低的风险以及稳定的收益，受到越来越多投资人的关注。

1. 什么是封闭式债券基金

封闭式债券基金指的是基金发起人在设立基金时，限定基金单位的发行总额，筹足总额之后基金即宣告成立，并进行封闭，在一定时期内不再接受新的投资。

2008 年 9 月 5 日，国内首只创新型封闭式债券基金——富国天丰获证监会批准，于 10 月上旬发行，首次发行规模是 20 亿 ~ 30 亿元，70% 以上的资金将投资于公司债和企业债。封闭式债券基金的试水，使得个人投资者有机会参与到债券市场，享受到债券投资带来的稳定收益。

股市投资起伏变化太大使得部分投资人苦不堪言，投资人的投资目光渐渐转向具有稳定收益保障的债券上来。其中，封闭式债券基金的收益率更优于开放式债券基金，所以更受到投资人的青睐。

从理论上来分析，封闭式债券基金有跑赢开放式债券基金的机会，因为封闭式债券基金不必受赎回的影响，可规避资金流动性风险。如果开放式债券基金在不同的市场环境中能够获得 4% ~ 6% 的收益率，封闭式债券基金的预期收益则可以在此基础上增加 1 ~ 2 个百分点。当然，在实际的投资过程中，影响封闭式债券基金业绩的因素更复杂一些。

■ 封闭式债券基金的优势

封闭式债券基金相比开放式债券基金而言，份额固定，没有赎回的压力。这样基金管理人可以选择流动性较差、时间期限较长，但是收益率较高的债券进行投资。

封闭式债券基金的优势主要来源于其封闭的特征，封闭式运作不受日常申赎的约束。债券市场存在大量到期收益率较高但流动性差的品种，开放式基金由于日常申赎压力，无法大规模投资于该类品种；封闭式债券基金管理人可以将投资品种的久期组合与封闭期相匹配，这样就可以有效规避流动性、利率风险。

■ 封闭式债券基金的杠杆效应

债券的封闭式运行有利于债券基金发挥杠杆效应，这是产品设计上的内在优势。通过长期维持高杠杆来放大幅度有限，但可以获得较高的债券投资收益，统计显示封闭式债券基金最高债券投资比例每个季度均高于130%，甚至接近170%，而开放式基金则不超过110%。不过杠杆操作是一把双刃剑，在行情向好时，杠杆应用可获取更高收益，在行情走低时，解杠杆会遭遇损失。

2．封闭式债券基金的折（溢）价率

折（溢）价是投资人比较关心的问题。影响折（溢）价的因素首先是管理能力，国外一些管理能力较强的高收益债券基金可以维持长期溢价，可能的意外来自信用事件的冲击（目前国内信用债市场仍以投资级品种为主，市场波动小于高收益债券）。其次，供求的短期影响也比较大，股市和债市的强弱及趋势一般也会影响折溢价水平。

从国内的实践来看，债券基金相比其他品种，收益率相对稳健、波动性小，出现过高折价的概率不大，之前封闭式债券基金折价率最高水平是3%左右。此外，对于投资人而言，分析折（溢）价率的同时更要关心基金的增值潜力，毕竟折（溢）价率只是当前市场价距离基金净值的差率，反映的是短期交易的因素和市场供求，一个每年增长8%但任何时候都折价1%的产品，对于持有人就是8%的收益率。封闭式基金的折价率计算如下：

折价率 =（单位基金净值 − 单位基金市价）÷ 单位基金净值 ×100%

得出的折价率大于0时（即净值大于市价）为折价；折价率小于0时（即净值小于市价）为溢价。

举例而言，假设某基金的交易价格为0.8元，其基金净值为1元，按照价格折算，该基金折价率为（1−0.8）÷1=20%。

基金的折（溢）价与投资人的收益息息相关，所以对于投资人而言，折价率的计算就显得非常重要了。现在不需要投资人对基金的折价率进行一一的计算，大多数的门户网站都可以对封闭式基金的折价率进行查询，下面以和讯网为例来做详细介绍。

Step01 进入和讯网官方网站（http://www.hexun.com/），单击导航栏中的“基金”超链接。

Step02 系统跳转到基金页面，然后单击导航栏中的“基金净值”超链接，就可以看到基金的排行榜。

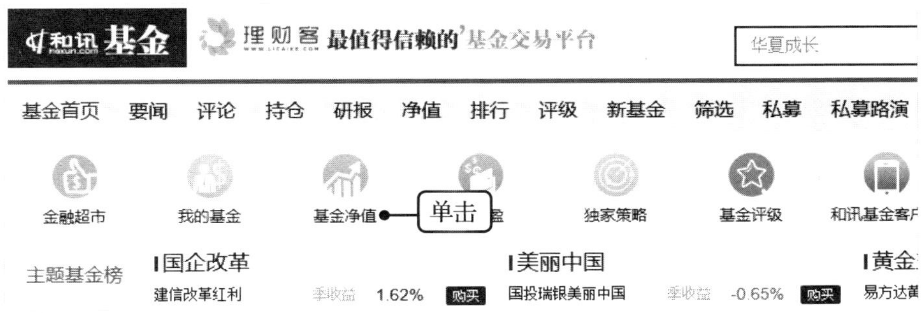

Step03 进入基金的排行榜页面，单击“封基数据”选项卡就能够看到封基的详细信息，包括基金代码、基金单位净值、累计净值以及基金规模等。

Step04 在页面上单击“封闭式基金折价率”超链接，就可以看到封闭式基金的溢折价率、溢折价值以及市场价格等信息。

根据查询，投资人可以看到，对于大多数投资人看好的基金，这时候基金的折价率会较低一些，往往以一个较低的价格就能够找到买家成交。并且在行情持续走好的情况下，还会出现溢价现象；而对一些不被看好的

基金，此时的折价率较高。所以投资人在选择基金时，需要合理地分析判断，不能够因为费用成本低而买一些发展不好的基金，因为投资的主要目的不是为了省钱，而是为了得到高收益的回报。

3．封闭式债券基金与开放式债券基金的比较

封闭式债券基金一方面可以减少高收益债券流动性不佳的影响，另一方面也便于管理人利用回购杠杆来放大投资回报，通过买断式或质押式回购来放大投资，尤其是在降息的情况下，封闭式债券基金可以为投资人提前锁定较高的收益。

开放式债券基金相对而言操作难度较高，且收益相对有限。所以选择封闭式运作的债券基金更加稳定，比开放式债券基金更有利于提升基金业绩。封闭式债券基金的收益高于开放式债券基金的原因主要有以下几点。

◆ 封闭式债券基金无须因基金份额赎回等流动性压力，而保留过多现金类资产，从而牺牲收益，这一点对债券型基金来说尤为重要。

◆ 收益较高的债券品种往往伴随着较差的流动性，开放式债券基金因为基金份额赎回等流动性压力而无法充分持有，但封闭式债券基金凭借其规模稳定的优势，可以大量持有，并借此提高基金的整体收益。

◆ 封闭式运作有利于债券型基金充分参与回购，扩大杠杆比例，增强息差策略盈利能力，从而获得高收益。

不过，针对封闭式债券基金封闭期内无法赎回的情况，一些基金公司推出了定期开放债券基金。例如，天弘稳利定期开放债券A基金(000244)、博时安丰18个月定开债券（160515）等。

定期开放债券基金同样保留了封闭运作的模式，力求为投资人提供更

高收益，同时还通过定期开放这一机制，在每个运作周期结束后为投资人安排集中申购赎回时间，让投资人及时兑现本金和收益，大大增加了资产的流动性。

定期开放债券基金以一种滚动运作的模式很好地解决了传统封闭式债券基金到期后需要投资人重新选择投资品种的问题，降低了在找到新的投资目标之前资金闲置所产生的机会成本。另外，最重要的是解决了投资人由于封闭式债券基金资金流动性带来的不便。

4．封闭式债券基金的收益

和普通基金相比较而言，在收益分配方式等多方面有特殊设置的封闭式基金具有独特的优势。封闭式债券基金的整体收益稳健，风险较低，对于稳健型投资人是很好的投资配置，同时封闭式债券基金很多时候处于折价的状态，值得投资人关注，如图 10-1 所示为 2016 年 8 月封闭式债券基金的业绩回报。

	代码	基金名称	基金分类	▾晨星评级(三年)	晨星评级(五年)	净值日期	单位净值(元)	净值日变动(元)	今年以来回报(%)
1	519662	银河岁岁回报定期开放债券-A	普通债券型基金（封闭式）	☆☆☆☆☆	☆☆☆☆☆	2016-08-10	1.5940	0.0000	4.18
2	519663	银河岁岁回报定期开放债券-C	普通债券型基金（封闭式）	☆☆☆☆☆	☆☆☆☆☆	2016-08-10	1.5770	0.0000	3.96
3	000246	博时月月薪定期支付债券	纯债基金（封闭式）	☆☆☆☆☆	☆☆☆☆☆	2016-08-10	1.1120	0.0020	4.97
4	000064	大摩纯债稳定增利18个月定期开放债券	纯债基金（封闭式）	☆☆☆☆☆	☆☆☆☆☆	2016-08-10	1.0740	0.0010	4.80
5	163210	诺安纯债定期开放债券-A	纯债基金（封闭式）	☆☆☆☆☆	☆☆☆☆☆	2016-08-10	1.0380	0.0020	5.40
6	000026	泰达宏利信用合利定期开放债券A	普通债券型基金（封闭式）	☆☆☆☆☆	☆☆☆☆☆	2016-08-10	1.0640	0.0010	1.14
7	163211	诺安纯债定期开放债券-C	纯债基金（封闭式）	☆☆☆☆☆	☆☆☆☆☆	2016-08-10	1.0370	0.0020	5.15
8	000027	泰达宏利信用合利定期开放债券B	普通债券型基金（封闭式）	☆☆☆☆☆	☆☆☆☆☆	2016-08-10	1.0540	0.0000	0.96
9	100072	富国强回报定期开放债券-A	纯债基金（封闭式）	☆☆☆☆☆	☆☆☆☆☆	2016-08-10	1.3450	0.0020	6.07
10	163824	中银盛利纯债一年定期开放债(LOF)	普通债券型基金（封闭式）	☆☆☆☆☆	☆☆☆☆☆	2016-08-10	1.1270	0.0010	3.68

图 10-1　封闭式债券基金的业绩回报

通过分析知道封闭式债券基金收益高于开放式债券基金，下面将开放式招商安泰债券A类（217003）与易方达科瑞封闭（500056）进行比较分析，如图10-2所示为两只基金的基本信息比较。

比较项目	基金1 招商安泰债券(A类) [217003] ×	基金2 易方达科瑞封闭 [500056] ×
基金概要		
成立日期	2003-04-28	2002-03-12
成立规模（亿份）	25.87	30.00
最新规模（亿份）	9.25	30.00
基金类型	开放式基金	封闭式基金
银河分类	债券基金	封闭式混合基金
基金状态		
最新净值		
最新净值日期	2016-08-10	2016-08-05
份额净值（元）	1.2231	0.8823
份额累计净值（元）	1.9346	4.3893
还原后份额累计净值（元）	--	--
当日净值增长率	0.0409%	0.2272%

图10-2 两只基金的基本信息比较

由图10-2可以看到，两只基金在成立之初的规模相差4亿份左右，如今的规模却相差20亿份。封闭式债券基金由于封闭操作运行的原因没有变化，而开放式债券基金由于投资人可以在持有期随时赎回，所以变化较大。由于存在赎回的压力，这无疑给基金管理人增加了操作难度。下面查看两只基金的收益走势，如图10-3所示为两只基金在2013年8月到2016年8月3年的收益对比情况。

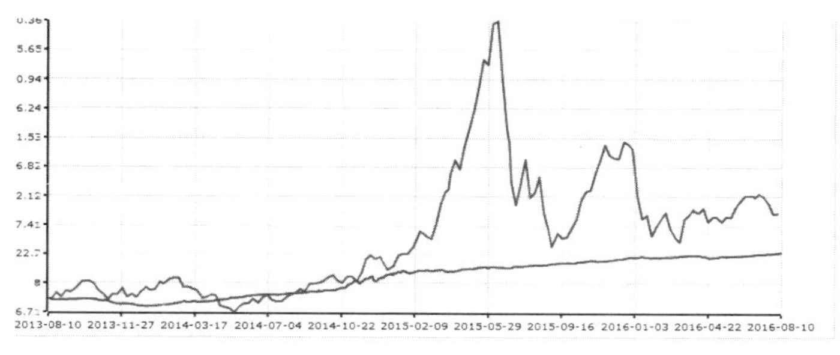

图10-3 两只基金收益走势对比

由图 10-3 可以清晰地看到，招商安泰债券 A 类基金具有典型的开放式债券基金的特点，整个收益走势呈现一个稳定上涨的趋势。反观，易方达科瑞封闭基金收益走势起伏变化较大，所以往往投资人能够得到超额收益。

另外，招商安泰债券 A 类基金成立以来收益率为 130.51%，而易方达科瑞封闭基金成立以来的收益率为 584.58%。根据数据可以看出，封闭式债券基金收益远高于开放式债券基金。

5．封闭式债券基金的交易

投资人购买基金大多数时候购买的都是开放式债券基金，直接通过基金公司、证券交易所以及中介公司进行购买，那么对于封闭式债券基金应该怎样来购买呢？

封闭式债券基金具有“封闭、开放”两个阶段运作的特点，由于封闭式债券基金成立之后不能赎回，除了成立之时投资人可以在基金公司指定的单位购买之外，整个封闭期都只能在二级市场上进行交易，直至到期日。封闭式债券基金发行结束后，就不能按基金净值买卖，投资人可委托券商（证券公司）在证券交易所按市价（二级市场）买卖。

封闭式债券基金进入封闭期后就可以通过证券公司在证券交易所按市价（二级市场）买卖。在没有成交之前是可以撤销的，成交后则不能撤销，买入成交后只能在第二个交易日卖出，卖出成交后可以在当日买入。交易流程如图 10-4 所示。

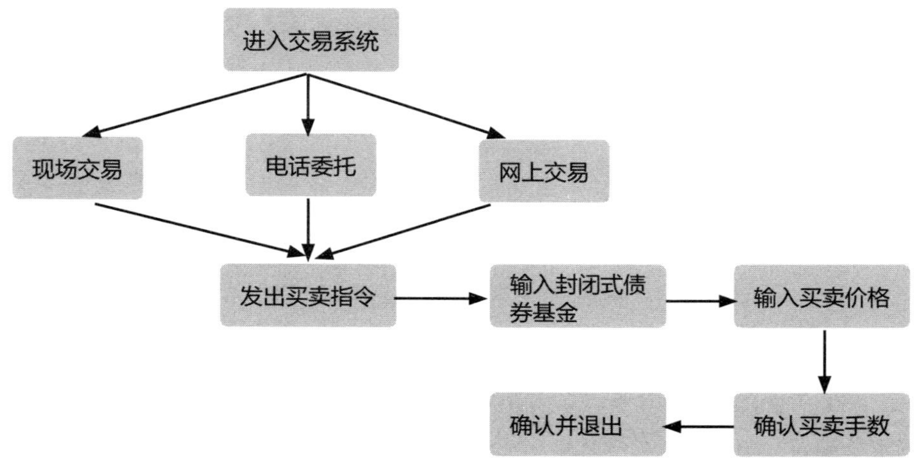

图 10-4　封闭式债券基金的交易流程

其实，对于想投资债券基金的投资人来说，会考虑是选择封闭式债券基金还是开放式债券基金。考虑的因素无非就是哪个风险大，哪个的收益相对较高。

相对比而言，封闭式债券基金比开放式债券基金风险与收益都更大。基金单位的买卖价格形成方式不同。封闭式债券基金因为在交易所上市，其买卖价格受市场供求关系影响较大。当市场供小于求时，基金单位买卖价格可能高于每份基金单位资产净值，这时投资人拥有的基金资产就会增加；当市场供大于求时，基金单位买卖价格则可能低于每份基金单位资产净值。

而开放式债券基金的买卖价格是以基金单位的资产净值为基础计算的，可直接反映基金单位资产净值的高低。在基金的买卖费用方面，投资人在买卖封闭式债券基金时与买卖上市股票一样，也要在价格之外付出一定比例的证券交易税和手续费；而开放式债券基金的投资人需缴纳的相关费用（如首次认购费、赎回费）则包含于基金价格之中。一般而言，买卖封闭式债券基金的费用要高于开放式债券基金。

封闭式债券基金具有封闭和开放的特点，这也是开放式债券基金和封闭式债券基金的优点。这样做的好处可以避免投资人因频繁地申购和赎回而引起的资金流动性，当然这样也对提高基金组合的稳定性有很大好处。

10.2 为什么投资封闭式债券基金

封闭式债券基金作为国内出现较晚的一种创新基金品种，与开放式债券基金有很大的不同，具有一些自己独有的投资特征。

1. 封闭式运作，提高债券组合管理效率

由于封闭式操作，基金管理可以将更多的资金投入收益率较高但流动性较差的产品，以及被市场错误估价的产品持有到期，从而获得稳定的超额收益。另外，通过杠杆进行放大操作提高基金收益，也使得投资人收益增加。更重要的是，由于封闭期份额固定，套利资金无法摊薄新股上市后的基金。

下面将具体的开放式债券基金与封闭式债券基金的投资情况进行分析比较，以华宝宝康债券（240003）基金和汇添富季季红定期开放债券（164702）基金为例，如图 10-5 所示为两只基金的资产分布图。

（a）

	占净资产(%)	+/-同类平均
现金	3.98	-4.63
股票	0.00	-0.86
债券	128.33	22.54
其他	-32.31	-17.05

（b）

	占净资产(%)	+/-同类平均
现金	1.41	-9.68
股票	0.00	-0.55
债券	137.36	14.34
其他	-38.78	-4.12

图 10-5 两只基金的资产分布

图 10-5（a）为华宝宝康债券基金资产分布图，图 10-5（b）为汇添富季季红定期开放债券基金的资产分布图。从图中可以看到这两只债券基金不管是开放式还是封闭式，它们的资产分布比例相差无几，都将大部分的资金投入到了债券市场，然后配置了部分的现金和其他资产。

既然两只基金的资产分布情况相同，那么封闭式债券基金和开放式债券基金在具体的投资上有什么区别呢？如图 10-6 和图 10-7 分别为两只债券基金的债券投资情况。

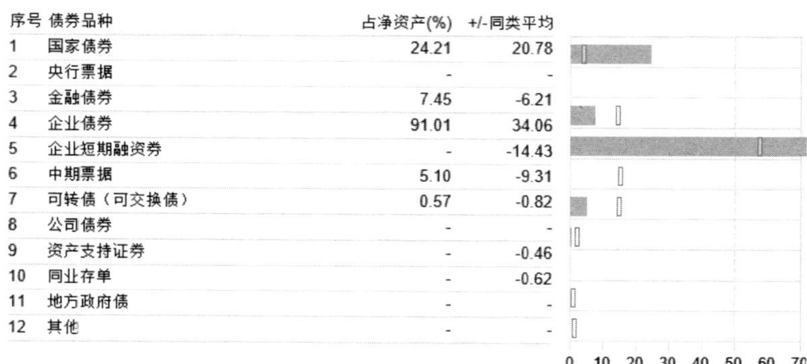

序号	债券品种	占净资产(%)	+/-同类平均
1	国家债券	24.21	20.78
2	央行票据	-	-
3	金融债券	7.45	-6.21
4	企业债券	91.01	34.06
5	企业短期融资券	-	-14.43
6	中期票据	5.10	-9.31
7	可转债（可交换债）	0.57	-0.82
8	公司债券	-	-
9	资产支持证券	-	-0.46
10	同业存单	-	-0.62
11	地方政府债	-	-
12	其他	-	-

图 10-6 华宝宝康债券基金投资情况

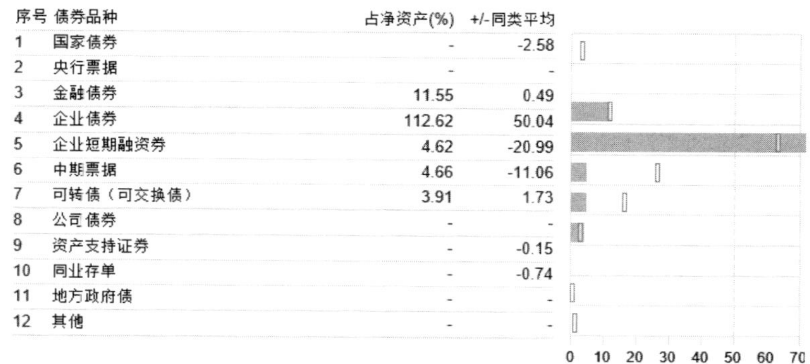

序号	债券品种	占净资产(%)	+/-同类平均
1	国家债券	-	-2.58
2	央行票据	-	-
3	金融债券	11.55	0.49
4	企业债券	112.62	50.04
5	企业短期融资券	4.62	-20.99
6	中期票据	4.66	-11.06
7	可转债（可交换债）	3.91	1.73
8	公司债券	-	-
9	资产支持证券	-	-0.15
10	同业存单	-	-0.74
11	地方政府债	-	-
12	其他	-	-

图 10-7 汇添富季季红定期开放债券基金投资情况

可以看到在华宝宝康债券基金的投资中，国家债券的比例为

24.21%，企业债券的占比较多，为91.01%，可转债的比例为0.57%。在汇添富季季红定期开放债券基金的投资中可以看到，并没有投资国家债券，企业债券的占比较多，为112.62%，另外投资11.55%的金融债券和3.91%的可转债。

国家债券风险较低，收益稳定，所以开放式债券基金需要配置国债来保障基金的安全性。而对于可转债这类风险稍高的投资品种，开方式债券基金并没有投资，相反，由于封闭式债券基金并没有赎回的压力，所以可以适当地投资这类风险较高的产品。

根据两只基金的投资情况也可以看出，封闭式债券基金由于其封闭式的运作，大大提高了投资组合的管理效率，使得整个组合的收益率提高。

2. 高频率分红的封闭式债券基金

封闭式债券基金虽然延续了传统封闭式基金严格的分红策略，但是改变了传统封闭式基金以往集中性大比例分红的情况。在保持年度高分红比例的基础上，更多的是采取高频率、小金额多次分红的策略安排。

高频率、高比例以及多次分红的形式，能够很好地平衡基金持有人对当期收益和长期资本增值的双重要求。尤其是对于采取封闭运作形式的封闭式债券基金而言，资产净值折价率是决定市场表现的重要因素之一。通过定期分红策略，为投资人提供了一个可预期并且持续稳定的现金流。

定期分红策略使得封闭式债券基金在一定程度上类似于每月付息、到期还本的高收益债券。如图10-8所示为嘉实丰益信用定期债券A（000177）基金的分红情况。

分红拆分

分红　拆分

除息日	再投资日	分红(元/10份)	再投资日净值(元)
2016-06-07	2016-06-07	0.1140	1.0060
2016-03-08	2016-03-08	0.1140	1.0130
2015-12-08	2015-12-08	0.1950	1.0100
2015-09-10	2015-09-10	0.2000	1.0190
2015-06-05	2015-06-05	0.4000	1.0490
2015-03-13	2015-03-13	0.2180	1.0122
2014-12-08	2014-12-08	0.4800	1.0250
2014-09-09	2014-09-09	0.2100	1.0130
2014-06-05	2014-06-05	0.1240	1.0170
2014-03-10	2014-03-10	0.0960	1.0100
2013-12-05	2013-12-05	0.0700	1.0030

图 10-8　嘉实丰益信用定期债券基金的分红情况

由图 10-8 可以看到该基金成立之后，每隔 3 个月会进行一次小额分红。截至 2016 年 8 月分红次数已经达到了 11 次。从另一个角度来看，高频率的基金分红也提升了基金的流动性。

3．封闭式债券基金的溢价

目前，对于不同的封闭式债券基金有不同程度的溢价，投资人在投资封闭式债券基金之前，首先需要对封闭式债券基金的溢价有一个清楚的了解。

虽然封闭式债券基金已经经过一段时间的发展较为成熟，但是对于整个基金投资品种而言，还是比较稀缺的一类投资产品。由于国内的债券市场主要是在银行间进行，而个人投资者无法直接参与银行间的债券交易。所以投资人将投资放到了债券型基金，从而实现间接性的投资。而投资债券型基金往往伴随着一定的申购和赎回费。目前，A 类债券基金的申购费率最低为 0.6% 左右，部分甚至达到 1% 以上，远超过在二级市场直接交易的成本，并且二级市场交易增加了投资人的流动性，产生部分流动性溢价。目前该类封闭式的交易型债券基金数量并不多，且尚处于相对稀缺的状态是造成溢价的一个因素。

有一部分投资人被封闭式债券基金的高频率分红所吸引，促使封闭式债券基金被投资人非理性炒作。例如，富国天丰债券基金每月一次分红的分红频率吸引了大部分的投资人投资。值得注意的是，封闭式债券基金溢价之后分红会使得溢价率增大，从而减弱投资价值提高投资基金的安全边际，如果分红日距离封转开的日期比较近，那么分红使得投资价值增大的效应将会更加明显。

例如，某只封闭式债券基金分红之前的净值为1.2元，而价格为1.1元，折价率为8.33%，若现金分红为每份0.1元，除0.1元后，除权后折价率扩大至9%以上，如果此时距离封转开的日期已非常接近，那么该只基金的投资价值得到明显提升。反之，如果基金分红前处于溢价状态，那么分红后投资价值会减小。

因此，折价的封闭式债券基金在分红之前会出现一波分红行情，因为市场会提前预期到这种投资价值的提高，所以也会在分红之前就缩小折价率；但是如果封闭式债券基金在分红之前是溢价状态，市场应该在分红之前预先缩小其溢价率。每次分红前溢价率会出现跳升，分红后却出现下滑，然后再次上升，与通常的情况是相反的。主要原因是投资人没有意识到封闭式债券基金折价与溢价进行分红后的差异。

10.3 封闭式债券基金的操作及实例分析

在当前股市震荡的市场环境中，不少投资人加大了对封闭式债券基金的投资关注。从投资市场的大数据来看，如果基础市场能够提供4%的年涨幅，那么多数封闭式债券基金6%～8%之间的中长期预期年化收益也算是较高的。

1．选择封闭式债券基金的技巧

对于封闭式债券基金而言，较高的折价率中蕴藏了一定的投资机会。如果封闭式债券基金最后封闭转开放，那么由于其较高的折价率，能够为投资人谋得较大的套利空间。

例如，某只封闭式债券基金还有2年零1个月到期，当前折价为9.645%，以此来计算，如果投资人现在投资入场，即使未来两年该基金净值零增长。那么，投资人每年获得的年化收益也不低于4.82%。

这样的数值远高于银行一年期的定存利率，这样的套利空间对于追求低风险的投资人而言很具有吸引力。所以，选择好的封闭式债券基金成了投资人关注的焦点，如下所示。

- **内部收益率：**以到期进行清算获取收益对封闭式债券基金进行绝对估值，估值的方法采用现金流贴现法，从而计算基金价格向净值回归过程中的投资价值。
- **基金未来的分红能力：**好的封闭式债券基金另一个体现点在于基金的分红能力。基金分红除了单位净值不低于面值之外，基金的每个基金份额可分配收益为正，这个指标主要考察基金净值持续增长的情况。
- **基金历史净值变化情况：**基金的历史净值增长情况以及稳定性虽然不能够完全说明基金未来的情况，但是基金投资思路的延续性和连贯性可以帮助投资人看出基金经理的投资风格，从而预测基金未来的走势和发展情况。
- **持仓结构情况：**封闭式债券基金有别于开放式债券基金，相较于开放式债券基金偏稳定的债券投资，封闭式债券基金的投资更倾向于收益更高、流动性差的投资品种，投资人察看持仓结构有助于分析基金情况。

◆ **基金评级参考**：投资人投资可以参考专业机构对封闭式债券基金的评级情况，例如晨星以及 Value 等一些机构评级中的相关指标。

由于封闭式债券基金在证券交易所的交易采取竞价的方式，因此交易的价格会受到市场供求关系的影响，然而并不完全反映基金的净资产值，即相对其净资产值，封闭式债券基金的交易价格有溢价和折价现象，所以封闭式债券基金可以综合上述的几个因素进行选择。

2．利用杠杆操作放大资金

利用杠杆操作来放大资金的投资效用，是债券基金常用的投资手法，对于封闭式债券基金尤为适用。由于债券基金 80% 以上的资金用以购买并持有债券，基金经理可以将持有的部分债券作为质押，在市场上进行正回购，融得资金后再购入债券或进行其他品种的投资，因此会出现债券的总资产远大于基金资产净值的情况。

由于普通开放式债券基金需要考虑流动性的问题，为了应对随时到来的赎回压力，基金经理利用杠杆操作的比例就相对较小。因此，通常持有债券的比例会小于资产净值。但对于封闭式债券基金而言，套利杠杆就可以适当放大，甚至达到 1 倍以上。较高的杠杆倍数使得采用封闭式交易方式的基金在债市收益较高时，可以博取更高的收益。

在国外，封闭式债券基金使用杠杆的比例达到了 70%，而封闭式债券基金的比例则达到了 80% 以上，其中包括发行优先股、获得银行贷款或贷款额度以及发行本票等。

例如，当长期利率高于短期利率时，封闭式债券基金可以通过发行短期优先股或者借款，按照短期利率付息，而所获资金投资于长期债券，以获得更高的利息收入。

但是，投资人需要注意的是，通过杠杆操作放大收益的同时，亏损也会同时被放大。例如，某只封闭式债券基金采用杠杆手段的方式是通过国债抵押回购融资，即利用国债抵押出来的资金去购买公司债等高收益的投资品种。不过按照有关规定，基金这类的抵押融资比例最高只能占总资产的 40%，也就说明该基金最大的杠杆比例为 40%。

理论上开放式债券基金也能够通过杠杆操作来放大资金，但是由于开放式债券基金经理不得不考虑资金的赎回压力，所以杠杆操作的比例不会太高，并且大多数资金投资于流动性较好的品种上。

3．买入持有 VS 波段操作

大多数的封闭式债券基金可能需要投资人持有 2 ~ 3 年的时间，对于投资人而言，可以考虑以下两种方式来投资封闭式债券基金。

■ 买入持有

投资人主要是期望封闭期的结束而获利，这里选择合适的目标是关键。所以投资人在选择封闭式债券基金时更应该从多方面进行考量，其中包括封闭式债券基金的剩余年限、折价率及净价波动等。在剩余年限和折价率之间可以大致形成一个类似国债收益率曲线的关系，可以依据不同的投资期限选择。

对于剩余年限的选择，投资人应该尽量选择剩余期限较短的基金，其比投资期限较长的基金的，投资风险更低，对投资人更有利；折价率方面，投资人应尽量选择大的折价率，折价率越大，投资人的资本增值空间越大；而净值波动，投资人当然需要选择波动幅度较小，更趋于稳定的基金。通过简单的买入并持有到期的投资，在不考虑系统性风险的情况下，复合年收益率在 4.0% 以上。

这样的投资方式比较适合投资经验较少，追求稳定收益的投资人。投资的风险较低，主要来自于基金净值的波动风险。通常情况下，整个投资市场呈现下跌趋势，使得到期时基金的净值跌幅超过目前折价幅度，投资人才会遭受损失。但是，这样的投资期限较长，而且通常只有到期才会得到收益。

例如，目前基金兴业二级价格为 0.647 元，11 月初净值为 0.7987 元，折价率为 18.99%，距离封闭结束还有 3.3 年。假设清算的费用为 2%，可以算出到期后的收益率为 16.99%。只有当 3 年后，基金兴业的净值低于 0.647 元时，投资人才会有绝对的损失（忽略手续费）。反之如果净值上升，还能取得更多的超额收益。

■ 结合波段操作

波段操作指的是在震荡调整行情中，结合基金走势情况获取短线收益，一次完整的波段操作过程涉及买卖两个方面。但是这类的投资对投资人的专业水平有一定的要求，一是需要投资人对趋势拐点有一个准确的预测。如果判断失误，很有可能会导致投资出现越买越跌或卖出踏空的情况。在实际的投资操作中，投资人可以借助折价率来进行判断，当折价率扩大时，投资人买入基金；当折价率缩小时，投资人卖出基金。投资人在投资之初，预定一个能够接受的折价率标准，如 20%，但折价率超出 22% 时就买入，当折价率低于 18% 时就卖出。这样操作能够将投资人的亏损控制在一定的范围，使投资人在一个相对低风险的环境中投资。

二是市场需要有震荡的空间，而不是维持固定情形的市场状况，这个是不受主观控制的外界因素。如果市场没有出现折价率范围内的波动情况，那么对于投资人而言也是无意义的。例如，在单边下跌的市场中，投资人也就不存在波段套利的机会。

所以，这种结合波段变化情况的操作是比较理想状况下的投资方式，需要投资人具有一定的投资技巧，难度较大。

4．杨女士的理财计划分析

在了解封闭式债券基金的内容之后，下面根据投资人实际的资产情况来进行投资方案介绍。

杨女士目前35岁，是一家公司的项目经理，每个月收入7 000元。其先生40岁，是一家公司的部门经理，月收入1万元。此外，他们的年终奖合计在1万元左右。夫妻俩还有一个12岁的儿子，读小学6年级。目前夫妻俩与先生的父母同住，杨女士的房产价值40万元，其中贷款余额为25万元，每月生活费开支4500元，贷款月扣2000元。家里备用现金和活期存款3万元，定期存款12万元。

杨女士家之前没有进行过理财计划，也从未有过购买理财产品的经验。但是杨女士和其先生均有社保和补充医疗保险。此外，杨女士还买过保额10万元的重疾险，但是两位老人没有医疗保险。杨女士家的资产状况整理如表10-1所示。

表10-1　杨女士家庭资产状况

名称	收入	支出项目	支出金额
收入	1.7万元（月）	生活	4500元（月）
活期存款	3万元	住房贷款	2000元（月）
定期存款	12万元	保险	10万元
住房	40万元	—	—
年终奖	1万元	—	—
总金额	76.4万元	—	7.8万元

可以看到，杨女士和其先生拥有良好的教育背景以及相对稳定的职业，保障比较全面。家庭年收入 21.4 万元，处于一个较高的水平。年度结余比例达到了 59.4%，说明家庭的消费比较理性，生活比较节俭，每年大概有 12 万元左右的结余。家庭的资金流动比率为 4：6，流动性资产能够支付 4 ~ 6 个月的日常支出。

杨女士家的财务状况整体来看比较健康，不足之处是资产结构比较单一，家庭金融资产大部分以银行存款形式存在，收益率较低。

杨女士这样的家庭状况，孩子正处于一个成长期，随着孩子的成长，教育费用会不断增加，所以对夫妻二人而言，随之增加的教育费用是两人理财首要考虑的一个重点。在这个阶段，夫妻二人需要合理地控制支出，妥善安排偿还债务计划，积极投资，做好现金的管理计划，保持资产的流动性。

根据杨女士的家庭资产状况，杨女士投资能够承受一定的风险，投资风格为进取型，追求投资收益。但是考虑到她本人的理财知识以及投资技巧比较有限，所以整个投资还是以稳健为主。

首先，建议杨女士不要提前还贷，25 万元房屋贷款余额是她家唯一的负债，但他们每月房贷所需的 2000 元并不会造成较大的经济压力和心理压力。

在投资方面，王女士家每年收支结余较多，提高净资产水平的能力较强。像这样的家庭在追求投资收益的同时，需要注意进行一些投资组合。杨女士的家庭理财可以分为 3 个部分来完成。

■ 备用金计划

杨女士目前有 3 万元的活期存款作为应急金，应急资金主要在于应急，也就是资金的流动性。杨女士可以将 3 万元的活期存款投入货币市场，购买货币基金，随时赎回的特性适合应急资金。另外，货币基金年收益率 4% 左右，低风险、可靠，且收益率远高于银行活期存款利息。

■ 保险计划

根据资料可以知道，杨女士家目前只有一份重疾险，不足以保障家庭的稳定。所以，杨女士应该为其先生补充购买商业险，或者购买一些终身寿险附加定期寿险，使每个人的保障额度除了要高于房屋贷款余额之外，还要足以支付一定期限内的家庭生活开支。至于费用，全家的年度保费支出最好控制在年收入的 10%，即 2 万元左右。

由于老人的年纪较大，一般不能够购买商业险，所以可以购买基金。此时，杨女士可以购买定期开放债券基金。这类封闭式债券基金可以定期开放赎回，增加了流动性。这类封闭式债券基金的收益性较高，风险较低。例如，可以考虑国富恒利分级债券（164509）基金，该基金从 2016 年 1 月到 8 月以来回报率为 7.12%，在同类封闭债券基金中排名靠前，如图 10-9 所示为该基金的阶段涨幅情况。

阶段涨幅　季度涨幅　年度涨幅　下载手机版，随时查看阶段涨幅　截止至 2016-08-19　更多>

	近1周	近1月	近3月	近6月	今年来	近1年	近2年	近3年
阶段涨幅	0.22%	1.47%	2.75%	7.03%	7.61%	20.18%	41.02%	--
同类平均	0.30%	0.92%	2.74%	2.39%	1.26%	4.32%	25.91%	31.96%
沪深300	2.15%	3.60%	9.88%	10.27%	-9.81%	-13.41%	41.70%	44.33%
同类排名	298 | 807	87 | 776	298 | 730	6 | 663	4 | 647	1 | 588	59 | 530	-- | 433
四分位排名	良好	优秀	良好	优秀	优秀	优秀	优秀	--

图 10-9　国富恒利分级债券阶段涨幅

由于这类封闭式债券基金的流动性稍差一些，所以可以通过基金组合的方式进行投资。可以将银行定存的 10 万元用于健康基金，三分之二用于购买封闭债券基金，获得高收益；然后将余下的三分之一的资金用于购买流动性较强的货币基金，用货币基金的流动性来弥补封闭债券基金的不足之处。

■ 投资理财计划

根据杨女士家的资金情况，除去生活开销以及房贷之外，可以将剩余的资金进行中长期投资。杨女士可以进行投资组合，投资风险稍高的投资品种，从而构建出如图 10-10 所示的基金投资比例。

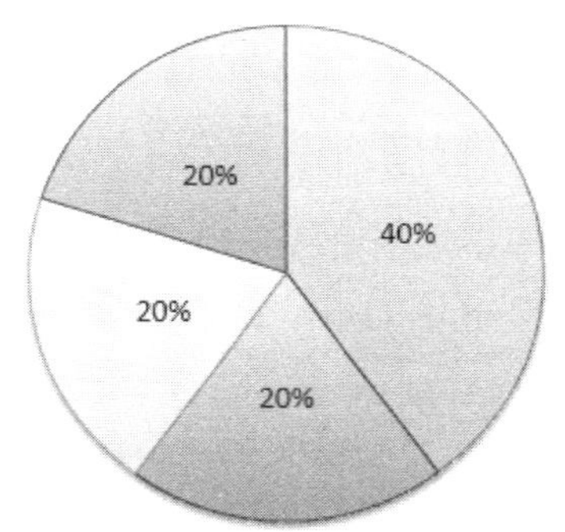

图 10-10　基金投资比例

根据杨女士家的状况，结合其风险承受能力，可以配置 40% 的风险较高的股票基金，然后以 40% 的货币基金和普通债券基金来平衡基金组合，最后配置 20% 的封闭式债券基金。

对于杨女士而言，股票基金的风险会较高一些，所以可以投资 3 只左右的股票基金，将资金分散开来，从而降低投资风险。对于股票基金的选择，可以考虑工银文体产业股票基金（001714），该基金虽然是一只新基金，但是整体来看基金走势较好，从 2016 年 1 月到 8 月以来增长了 17.22%，具体如图 10-11 所示。

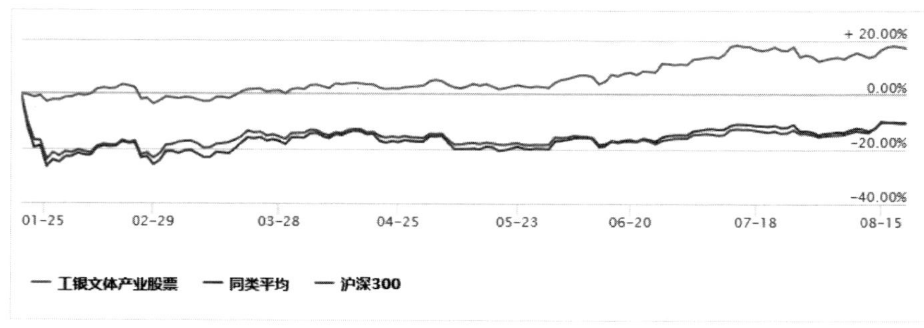

图 10-11　工银文体产业股票基金走势

封闭式债券基金可以选择新华惠鑫分级债券基金（164302），该基金在晨星基金网被分类为激进型封闭债券基金。基金发展良好，收益大幅高于同类基金。如图 10-12 所示为该基金 2015 年 9 月到 2016 年 8 月的累计收益走势。

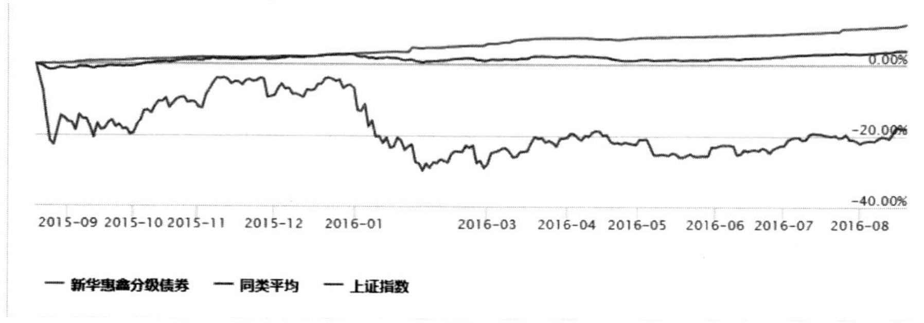

图 10-12　新华惠鑫分级债券基金走势

对于封闭式债券基金的投资，杨女士在最初投资时可以选择持有到期，随着投资经验的逐步累积，可以结合波段操作，进行低买高卖，以期获得高收益。